入門
AIと金融の未来

Yukio Noguchi

野口　悠紀雄

PHP
Business Shinsho

JN230721

PHPビジネス新書

はじめに

本書は、ＡＩ（人工知能）などの新しい情報技術が金融の世界をどのように変えるかについて、平易に解説した入門書です。

いま、ＡＩを金融に応用する試みが急速に進展しています。関連記事が、毎日のように新聞で見られます。

本書は、こうした状況を、金融に携わっている方々にはもちろんのこと、それ以外の多くの方々にも広く知っていただきたいと考えて書かれました。

ところで、ＡＩも金融も、説明は容易ではありません。

正確に説明しようとすると、専門用語を用いなければならなくなります。ところが、ＡＩや金融に関する概念や専門用語を理解するのは大変です。

本書では、正確さは損なわないようにしつつ、しかし専門用語はできるだけ使わずに、平易に説明しようとしています。どうしても専門用語が必要な場合には、それらを説明しています。

このため、ＡＩや金融についてまったく予備知識を持っていなくとも、読み進めることができます。

Ｑ＆Ａ方式で説明していますので、関心がある事項のみについて、拾い読みすることもできます。


金融に携わっている人がＡＩと金融について知る必要があるのは、当然のことでしょう。しかし、金融に直接関係しない人も、なぜそれを知る必要があるのでしょうか？

その理由は、まず、ＡＩが極めて革命的な技術だからです。それらは金融業務を大きく変えるでしょう。そして、金融の仕組みを根本から変える潜在力を持っています。

金融はあらゆる経済活動に関係しているので、それが変わることは、社会全体に対して大きな影響を与えることになります。どんな仕事に就いていても、金融における大きな変化の影響を受けないわけにはいきません。


新しい情報技術は、これまで、他の産業を大きく変えてきました。まず、広告の世界を大きく変えました。これは、広告業には参入規制がなかったからです。伝統的な広告が浸食される半面で、Google や Facebook などのＩＴ企業が新しいタイプの広告を始め、それによって目覚ましく成長しました。

次に影響を受けたのは、流通業です。Amazon は、伝統的な書店の売り上げを大きく浸食しました。そして、いま、書籍以外の分野にも進出しつつあります。

これに対して、金融は参入規制があるため、いままで、これほどの影響は受けていませんでした。しかし、これからは大きな影響を受ける可能性があります。

金融は情報を扱う産業であるため、情報技術の進歩で大きな影響を受けるのは、当然すぎることともいえます。

ただし、金融におけるＡＩの活用は、簡単にできるわけではありません。なぜなら、金融には特殊な条件があるからです。

第１は、データを集められるかどうかです。ＡＩの活用のためには、ビッグデータと呼ばれるデータが必要です。これは、これまで金融機関が把握していたタイプのデータとは異なるもので、これがないとＡＩを活用することができません。

第2は、金融市場の特殊性です。金融市場は情報を極めて素早く処理するため、ＡＩの効果は他の分野におけるものとは異なるものにならざるを得ません（この点は、第4章で詳しく説明します）。

以上の2点は、これまで見逃されがちなことでした。ＡＩブームに惑わされず、こうした問題に留意することが必要です。

本書の内容は以下のとおりです。

第1章では、基礎的な概念について説明します。とくに、ＡＩの仕組みと、そこで用いられる基本的な方法について説明します。

最近のＡＩが能力を高めているのは、「ディープラーニング」と呼ばれる機械学習の応用によるところが大きいのですが、これがどういう仕組みかを説明します。

ここで強調したいのは、ＡＩはあらゆる分野において人間を超える能力を発揮しうるわけではなく、ＡＩが担当できる分野は限定的であるということです。したがって、人間の仕事とＡＩが担当する仕事の振り分けを考える必要があります。

この章では、ブロックチェーンについても説明します。これは仮想通貨の基礎になっている技術で、そこに書き込まれた情報は書き換えることができないという特性を持っています。ブロックチェーンは、仮想通貨だけではなく、金融一般に広い応用範囲を持っています。

また、「フィンテック」という概念にも言及します。フィンテックは金融に情報技術を応用しようとするものです。その中でも、ＡＩやブロックチェーンを用いるものが、とくに重要な地位を占めています。

第２章では、ＡＩが金融機関の業務をどう変えるかを見ます。

近年銀行の利益が減少していることが指摘されていますが、その原因について説明します。それに対応するには、人員削減を行なうだけでなく、ＡＩの導入によって新しいビジネスモデルを確立する必要があります。

ただし、それは簡単にできることではありません。とりわけ問題となるのは、ビッグデータと呼ばれる新しいタイプのデータを金融機関が入手し、活用できるかどうかです。

大手ＩＴ企業が金融業務に進出するのではないかといわれますが、その可能性についても見ていきます。

ＡＩによって信用度を評価する「ＡＩスコアリング」という手法が導入されつつあります。これを用いれば、融資の審査がより正確になると期待されます。これについて、第３章で述べます。

貸付の審査は銀行業務の中心であるため、これを行なう主体が人間からＡＩに転換することは、銀行業務の性格に本質的な影響を与えることになります。

ただし、審査のためには、従来からあったデータを用いるだけでは十分ではありません。ビッグデータを大量に集める必要があります。金融機関がこれをなし得るかどうかが問われています。

第４章のテーマは、「ＡＩに株価予測や資産運用ができるか」です。ＡＩが能力を高めてきたことから、「ＡＩを用いて株価の予測や資産運用を行なえば、それによって多大の利益を得ることができるのではないか」という期待が高まっています。

しかし、この分野でのＡＩの有効性には、本質的な限界があります。なぜなら、金融投資の場合には、利益を挙げる方法を真似ることが、簡単にできてしまうからです。したがって、仮にＡＩが株価を予測できたとしても、その方法がすぐに他の人に真似されてしまうため、利益を継続的に得ることは難しいのです。

実際、ＡＩを用いた株価予測を用いたファンドの成績は、芳しいものではありません。投資信託にしても、市場のインデックスを再現する投資信託のほうが成績がよいことが、以前から知られています。

第５章では、ＡＩが保険の世界にどのような影響を与えるかを見ます。

テレマティクス保険というものが登場しています。これは自動車の運転状況のデータを分析することによって、保険料を細かく調整する保険です。同様のことが、医療保険についてもなされています。

これまでの保険は大ざっぱな括りでしか保険料を決めていなかったため、「モラルハザード」という問題がありました。これは、「保険をかけているために危険防止の努力を怠る」ということです。このため保険料が高くなってしまうという問題がありました。テレマティクス保険によって、この問題が解決されることが期待されます。

この他、Ｐ２Ｐ保険やオンデマンド保険などの新しい保険が登場しています。

保険は、その原理が５００年ほど前に見出されて以来、基本的なビジネスモデルが変わらなかったのですが、それがこれから大きく変わる可能性があります。

ＡＩは、金融機関業務の自動化や効率化に大きな役割を果たします。第６章では、これについて述べます。例えば、音声認識によってコールセンターの対応を自動化すること、ＡＩによって報告書を作成することなどです。

これらによって、大規模な省力化が進み、金融機関の収益を回復させるために重要な役割を果たすでしょう。しかし、他方において、それまで人間が行なっていた仕事がＡＩによって代替されてしまうために、失業が発生するという問題があります。ＡＩによって代替された人々をいかに他の職務に吸収できるかが、重要な課題になります。

第７章のテーマは、電子マネーや仮想通貨による「キャッシュレス化」です。キャッシュレス化は、事務処理のコストを低減させるだけでなく、新しいビジネスの発展を促すという重要な意味を持ちます。

中国やスウェーデンでは、電子マネーが急速に普及し、キャッシュレス社会が実現しつつあります。

仮想通貨によっても、キャッシュレス化が実現します。日本ではメガバンクによる仮想通貨の開発が進んでいます。これがどのような影響を与えるか、実現のためにはいかなる問題があるか、などを説明します。

第8章では、フィンテックによる新しい資金調達について見ます。インターネットを通じて資金を調達する仕組みとして、「クラウドファンディング」という仕組みが生まれました。これはその後、「ソーシャルレンディング」という形に発展していきました。

さらに、最近では、ICOという資金調達が行なわれるようになりました。これは、ブロックチェーンを用いる事業が、そこで用いるトークン（コイン）を事前に販売する方法です。これによって資金調達のコストを著しく低下させることが可能になります。

しかし、2017年にはICOがバブル的な状況を示し、詐欺まがいのプロジェクトが紛れ込んできたことから、問題視されました。こうした状況を受けて、中国ではICOを禁止する措置をとっています。この新しい資金調達方式をどのように育てていくかは、重要な課題でしょう。

第9章では、中国におけるＡＩとフィンテックの状況について述べます。中国をとくに取り上げるのは、近年におけるフィンテックの成長が極めて目覚ましいからです。中国発の電子マネーが世界を席巻しようとしています。

このようなことが起こった理由として、いくつかのことが挙げられます。中国ではこれまで金融の発達が後れていたため、一挙に新しい技術に移行したということもあるでしょう。ただそれだけではなく、中国がコンピュータサイエンスの高度専門人材の育成に成功し、高い実力を獲得した事実が基本にあることを忘れてはなりません。

なお、ＡＩにおいてはビッグデータの活用が重要なのですが、これに関して、中国の特殊な社会構造が有利になっているという指摘があります。

第10章のテーマは、日本が金融ＡＩ時代にどう対応すべきかです。キャッシュレス化の進展の後れに見られるように、日本においては、フィンテック進展の立ち後れが目立ちます。

こうなった原因は何でしょうか？　伝統的な金融機関の力が強く、かつ金融が規制産業であるために、新しい技術が導入されなかったことが指摘されます。
さらに、日本の教育体制がモノづくりに偏っており、フィンテックやＡＩのような分野の人材が育っていないという問題もあります。このような状況を変えていくことが、将来に向かっての大きな課題です。

本書の執筆と刊行にあたって、ＰＨＰ研究所第二制作部ビジネス出版課の宮脇崇広氏、同、中村康教氏に大変お世話になりました。ここに御礼申し上げます。

２０１８年８月

野口悠紀雄

入門　AIと金融の未来　目次

・「ディープラーニング」とはどのような手法ですか？
・機械学習の方法は、ニューラル・ネットワークだけですか？
・機械学習の方法は、ニューラル・ネットワークやベイジアン・ネットワーク以外にもありますか？
・機械学習によれば、何でも自動的に学習できるのですか？
・ＡＩは万能なのですか？
・では、「ＡＩはあまり重要でない」と考えてもよいのですか？
・「人間にやさしいＡＩ」が必要と思いますが、どうでしょうか？

2. 金融で用いられるＡＩの手法

・「プロファイリング」とは何ですか？
また、金融ではどのように利用されるのですか？
・「フィルタリング」とは何ですか？
また、金融ではどのように利用されるのですか？

第2章　金融業務へのAI導入がなぜ急務か

第４章　ＡＩは株価予測や資産運用ができるか？

第5章 保険の世界で大変化が起きる

第6章　金融機関業務の大規模な省力化が進む

・この技術が広く使われるようになれば、金融機関にどのような効果があるのでしょうか？
・この技術が、新しい問題をもたらすことはないでしょうか？

3. ブロックチェーンを金融に活用する

181

・ブロックチェーンの導入で金融業務の効率化を図る試みとしては、どんなものがありますか？
・ブロックチェーンは銀行の基幹業務にも応用できるそうですが、どのような試みがなされていますか？
・どの程度のコスト削減が可能になるのでしょうか？

・キャッシュレス化が普及すれば、
経済全体にはどのような効果があるでしょうか？
・キャッシュレス化が、新しい問題をもたらすことはないでしょうか？
・「マイクロペイメント」とは何ですか？
それによって、どんなことができるのですか？
・マイクロペイメントを実現するための条件は何ですか？

第8章　フィンテックによる新しい資金調達

1．クラウドファンディングとソーシャルレンディング

216

・「クラウドファンディング」とは何ですか？
・「ソーシャルレンディング」とは何ですか？
また、どんなものがありますか？

第９章　中国ＡＩの恐るべき実力

第10章 日本の金融はAI時代にどう対応すべきか

図表目次

第1章

AIは驚異的に進歩したが、万能ではない

1．なぜＡＩについて知る必要があるか？

Ｑ　ＡＩとは何ですか？

ＡＩとは、「Artificial Intelligence」の略で、日本語では「人工知能」と訳されます。人間の知的な活動をコンピュータに行なわせるための技術です。

これまでも、何度かブームが起きています。第１回目は１９５６年〜１９６０年頃、第２回目は１９８０年代でした。しかし、いずれも限界に突き当たって、ブームは去りました。

２０１０年以降に第３次ブームが起こり、現在まで続いています。その背景には、ビッグデータを用いた機械学習の進歩があります（その内容については、後述します）。

ＡＩについて、厳密な定義はありません。したがって、コンピュータの利用のどの範囲のものをＡＩと呼ぶかは、論者によって差があります。単にコンピュータを用いることを「ＡＩを使う」といっている場合も見受けられます。

ただ、これは、あまりに広い定義でしょう。後述するように、「ビッグデータによる機械学習を行なうコンピュータ利用」をＡＩと呼ぶのが適当だと考えられます。

Q 私の生活にはＡＩは関係がなさそうに思えるのですが、なぜＡＩについて知る必要があるのですか？

ＡＩは、様々な面で生活や経済活動に大きな影響を与えるからです。その影響は、すべての産業に波及します。

これまで、コンピュータやロボットが代替するのは、単純労働が中心と思われていました。しかし、ＡＩは、知的労働の分野にも進出しています。

例えば、ＡＩは、囲碁で人間を打ち負かしました。翻訳もできます。データを与えられて記事を書くこともできます。作曲もできますし、自然法則の発見もできるようになっています。

ビジネスでも、様々な場面で使われています。また、個人個人の特殊事情に合わせて、適切なアドバイスができるようにもなっています。

これまで人間がやってきたことを、コンピュータがより効率的に遂行できるようになったのです。したがって、これまで人間が行なっていた仕事の多くが、ＡＩにとって代わられる可能性があります。

しかし、その半面で、新たに発展する部門もあります。それをうまく捉えることができれば、成長することができます。したがって、どんな仕事がＡＩによってとって代わられ、どんな仕事がＡＩによって価値を高めていくかを、正しく捉えることが重要なのです。

Q　ＡＩは、これまでのコンピュータと何が違うのですか？

コンピュータが自動的に学習する能力を備えたことです。これは「機械学習」といわれるものです。

これまでのコンピュータでは、データ処理の方法を、一段階ずつ細かく、人間がプログラムして与えていました。

ところが、最近では、そうした手続きの少なくとも一部分を、コンピュータがデータから学習することによって、自動的に行なうことができるようになりました。

自動学習するＡＩの成果が最も著しく現われたのは、「パターン認識」です。これは、図形や自然言語を認識することであり、これまでは、コンピュータが最も不得意な分野でした。

このため、例えばネットショップで商品の写真を選定する作業は、人間が行なうしかなかったのです。大量の写真を人海戦術によって処理していました。

ところが、機械学習によって図形認識が可能になったので、この仕事をコンピュータに任せることが可能になりました。

Q「機械学習」や「ニューラル・ネットワーク」とは何ですか？

「機械学習」とは、コンピュータが自動的に学習することです。

ただし、データを与えさえすれば機械がまったく自動的に学習してくれるわけではありません。どのような方法を使ってどのように学習するかは、人間が考えて、その仕組みを作ります。

「学習」とは、主として、その手法（モデル）におけるパラメーター（係数など、モデルの挙動を決める数）を、適切な値に設定することです。

「ニューラル・ネットワーク」は機械学習を用いる仕組みの1つです。人間の神経組織を真似た仕組みを、コンピュータの中に作ります。

ニューラル・ネットワークは、最初の層から最後の層に至る多数の層によって形成されます（図表1-1参照）。それらの層の間で、情報が伝達されていきます。中間の層を「隠された層」といいます。次に解説する「ディープラーニング」は、この中間層が多数あることから、「ディープ」と呼ばれているのです。

図表1−1　ニューラル・ネットワーク

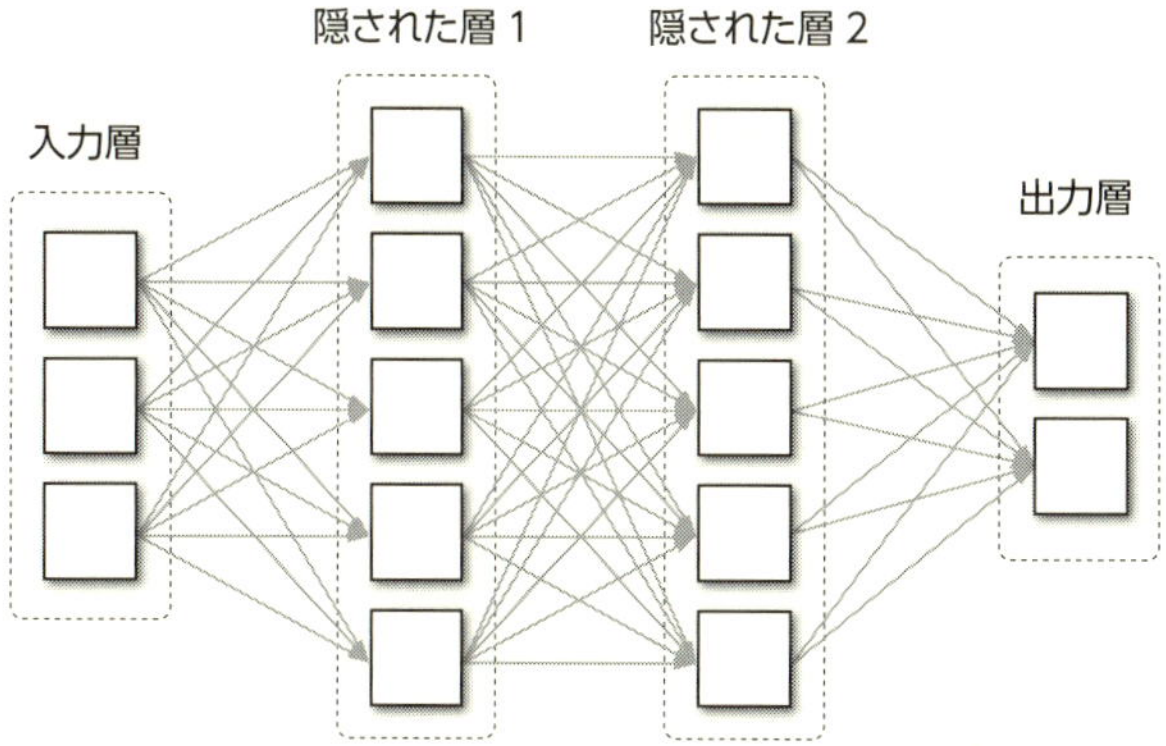

Q 「ディープラーニング」とはどのような手法ですか？

ニューラル・ネットワークによって画像認識を行なう場合、まず画像を多数の小さな部分（ピクセル）に分け、その部分の明るさを0から1までの数値として表わし、ニューラル・ネットワークの最初の層に入力します。

最初の層の個々のニューロンは、その値を加工して2つ目の層にデータとして送ります。ここで「加工」というのは、次の層のニューロンごとに異なる「重み」をつけるという意味です。

このようにして、最後の層にデータが渡さ

れ、最終的な出力が生成されます。

しかし、最終的な出力は、正解とは異なるかもしれません。

そこで、最終結果と正解の誤差が小さくなるように、「重み」を修正します。

ほぼ毎回正しい答えを出せるようになるまで、何十万枚、あるいは何百万枚、何千万枚もの画像で学習させせます。

こうした方法によって、いまでは、特定の分野での画像認識は、人間の能力を超えるまでになりました。

Q 機械学習の方法は、ニューラル・ネットワークだけですか？

機械学習の方法は、ニューラル・ネットワークだけではありません。これと並んで重要な方法として、「ベイジアン・ネットワーク」があります。

多くの問題において、複数の原因と結果があり、因果関係は単純な1対1ではありません。ベイジアン・ネットワークは、こうした問題を扱うための手法です。

この手法によれば、原因から結果への因果関係が分かっているとき、観測された結果から原因を推測することができます。因果関係を図で見られるので、直観的に理解しやすいという利点を持っています。この点で、人間の思考法に近いものです。

ベイジアン・ネットワークは、まず、病気の自動診療への応用が試みられています。医師が経験と診療データに基づいて診断するのと同じことを、ベイジアン・ネットワークで自動的に行なうのです。症状、検査データ、患者の申告などのデータを与えて、病気を判定します。

また、ベイジアン・ネットワークを用いた機械修理のための自動診断プログラムも作られています。データを常時更新していれば、異常を事前に予知することができます。こうして、「データ駆動的な」（後述）運営が可能になります。

そうなれば、事故が起こってから対応するのではなく、事前に対処することができます。日本では、社会資本の維持補修がこれから重要な課題になるので、事前対応型の採用は重要な課題です。

企業経営に応用すれば、状況変化に敏速に対応する「データ駆動型経営」（後述）が実現できます。

ベイジアン・ネットワークの応用対象は、他にもあります。データから人格を推定する「プロファイリング」（後述）のための手法としても有効です。音声認識、文字認識、データマイニング（大量のデータを解析し、何らかの有用な知見を得ること）にも使われます。

Q 機械学習の方法は、ニューラル・ネットワークやベイジアン・ネットワーク以外にもありますか？

機械学習の手法には、次のようなものもあります（これらの手法の詳細については、本書では説明しませんが、「こうした名の方法がある」ということを知っておいてください）。

⑴昔から用いられてきたものとして、「回帰分析」があります。説明変数と被説明変数の関係を線形式（一次式）で表わし、その係数や切片を、データから最小二乗法や最尤《さいゆう》推定によって決定します。

線形式による回帰だけでなく、「ロジスティック回帰」（ロジスティック曲線を当てはめる）や、「サポートベクターマシーン」（SVM：データを分類するための境界線を決定する手法）

などもあります。

⑵「決定木」（けっていぎ）は、木構造のモデルによって分類する手法です。1つの説明変数とその閾値《いきち》によってデータを2つに分け、さらに枝先で同様に別基準でデータを分けることによって、分類します。

これを発展させたものとして、「ランダムフォレスト」（決定木を複数作り、多数決によって最終的なクラスを判定する）、「勾配ブースティング木」などの手法があります。

⑶右記以外の機械学習の手法として、「時系列分析」（AR、MA、ARIMAモデルなど）、「クラスタリング」、「協調フィルタリング」などがあります。

Q　機械学習によれば、何でも自動的に学習できるのですか？

機械学習には限界があります。

「コンピュータが自動的に学習する」といっても、人間が与えたデータを学習するだけです。SF映画にあるように、「コンピュータが自動的にウエブを探って、様々な知識を学ぶ」といったことは、（少なくとも現在では）できません。

個別の問題に対してどのような手法が適切かは、人間が決める必要があります。機械学習とは、あくまでも手法で用いられるパラメーターを決定するだけなのです。

また、「オーバーフィッティング」（過学習）と呼ばれる問題があります。

これは、「学習用のデータに対しては正しい答えを出せるが、新しいデータを見せられると間違ってしまう」という問題です。学習用データの中で本来学習させたい特徴とは無関係な特徴に適合してしまい、学習用データについての性能は向上するものの、それ以外のデータでは逆に結果が悪くなるのです。

例えば、「猫と犬の区別はできるが、人間の写真を見せれば判別不能」といったことが生じます。

機械学習の技術でできるのは、あくまでも局所的な最適化なのです。

ですから、新しい状況が生じた場合には、それが過去のデータと非常に近い場合には何とか適応できますが、人間のような柔軟な対応はできません。その意味で、ＡＩの認識能力は、人間のレベルには遠く及びません。

このため、ＡＩによる顔認識（ＡＩのパターン認識機能を利用して、人間の顔の写真から、それが誰であるかを識別する機能）も欺くことができるといわれます。カーネギーメロン大学の研究によると、特殊な模様にペイントされた眼鏡をかけると、顔認識の網を逃れることができるそうです。

以上で述べたようなＡＩの限界を認識しつつ、これを現実の仕事にうまく活用していくことが必要です。

Q　AIは万能なのですか？

重要なのは、汎用ＡＩと特化型ＡＩの区別です。

「汎用ＡＩ」(General AI）とは、人間が持っているあらゆる感覚とあらゆる判断力を持ち、人間と同じように（場合によってはそれ以上に）考え、仕事を遂行するコンピュータです。

これに対して、「特化型ＡＩ」(Narrow AI）とは、特定の仕事について、人間と同等に（あるいはそれ以上に）処理することができるコンピュータです。

多くの人がＡＩについて持っているイメージは、汎用ＡＩです。これはＳＦや映画に登場するＡＩのイメージに大きく左右されています。例えば、映画「スター・ウォーズ」の「Ｃ‐３ＰＯ」です。

しかし、人類は、そのようなＡＩを、少なくとも現時点においては実現できていません。将来において実現できる可能性は否定できませんが、確実にできるとはいえません。

これまでに人類が作り上げたものは、「特化型ＡＩ」でしかありません。つまり、ＡＩができることは、極めて限定的なのです。そして、いかなる仕事をどのように遂行するかは、人間が指定します。「問題を解決してくれ」と頼めば自分でやり方を工夫して対処してくれるＣ‐３ＰＯのようなわけにはいきません。

Q では、「AIはあまり重要でない」と考えてもよいのですか？

現在のＡＩが「特化型ＡＩ」でしかないからといって、「ＡＩの影響を軽視してよい」ということにはなりません。

限定化されたタスクについては、人間よりはるかに高速に、正確に仕事を遂行してくれるからです。ＡＩが人間以上の能力を発揮し、人間以上の効率で働いてくれる分野がいくつもあります。そして、そうした分野が急速に拡大しつつあります。

こうした分野の仕事について、人間がＡＩと競っても意味はありません。それは、人間より速く走ることができる機械（自動車や電車）と競走しても意味がないのと同じです。

競争するのでなく、それらの機械をうまく利用することを考えるべきです。ＡＩについても、同じことがいえます。ＡＩが得意な分野について、いかにそれを活用できるかを考えるべきです。

ＡＩが発達して、人々の職を奪ってしまうのではないかといわれます。あるいは反対に、ＡＩはこれまで人間がやっていた仕事を代わってやってくれるから、今後の日本のように労働力不足が深刻な問題になる国では、積極的に導入すべきだとの考えもあります。

こうした考えのどれが正しいのかを判断するには、ＡＩに何ができるかを、正確に理解する必要があります。そのためには、ＡＩがどのように機能しているかを知る必要があります。

Q 「人間にやさしいＡＩ」が必要と思いますが、どうでしょうか？

「人間にやさしいＡＩが必要」との意見がしばしば聞かれます。しかし、これがＡＩの利用を判断する有効な基準になりうるでしょうか？

そうとは考えられないケースがあります。例えば、第3章で、ＡＩによる信用スコアリングについて述べます。これは、個人や企業の信用度をＡＩで推測しようとするものです。しかし、これによって信用度が低いと判定されてしまった個人や企業は、これまで利用していたサービスを利用できなくなるかもしれません。

これは、「人間にやさしいＡＩ」とはいえないでしょう。では、こうした技術は開発しないほうがよいのでしょうか？　そうともいえないでしょう。

あるいは、第6章の2で、ＡＩによる不正検知のシステムについて述べます。しかし、これは、犯罪者の立場から見れば、間違いなく脅威です。犯罪者も人間ですから、これは、人間にやさしくないＡＩです。だから、「人間にやさしいＡＩがよい」という基準からすれば、不正検知ＡＩは、排除されるべきだということになるでしょう。

しかし、多くの人は、「不正や犯罪を検知してくれるなら、積極的に導入すべきだ」と考えるでしょう。

ここで問題は、「不正や犯罪とは、何か？」ということなのです。これこそが、もっと重要な問題です。

要は、技術をどのように利用するかということです。その判断にあたって、「人間にやさしいか否か」は、有効な判断基準とはなりません。

人にやさしいAIを作るか、やさしくないAIを作るかではなく、様々な使い方ができるAIをどのように使うか、そしてそのための法整備や社会的な規範、社会的な同意をどのように形成していくか、ということが問題なのです。

AIは、能力が優れているため、これまでの社会で曖昧にしていたことが、はっきりした形で現われてしまいます。あるいは、これまで問題となっていなかったことが問題となります。そのような能力を持ったAIを、どのような目的のために、どのような基準にしたがって用いるかが問われているのです。

2．金融で用いられるＡＩの手法

**Q 「プロファイリング」とは何ですか？
また、金融ではどのように利用されるのですか？**

「プロファイリング」とは、もともとは、犯罪捜査で、犯罪の特徴などから犯人像を割り出す方法のことでした。

最近では、インターネットなどから得られる個人データを分析し、個人像を描き出すための手法を指します。

データから、ある人の性格や嗜好、意見などを推測します。プロファイリングが進めば、個人の行動を予測できるようになります。最近では、ＡＩとビッグデータの活用によって、精度が向上しています。

プロファイリング技術は、すでにいくつかの分野で、実際に利用されています。金融では、これを利用して、融資の判断に個人の信用度を算出する試みが始まっています（第3章）。

プロファイリングは、保険でも利用が始まっています。自動車にセンサーを搭載し、運転の状況によって保険料を変える自動車保険がすでに提供されています（第5章）。また、血液検査などのデータから保険金の支払いを自動的に変える保険も登場しています（第5章）。

Q 「フィルタリング」とは何ですか？ また、金融ではどのように利用されるのですか？

ある特定の条件を満たすデータを選び出すための方法です。

従来から、スパムメール（迷惑メール）の自動検出のために、フィルタリングが行なわれてきました。メールに含まれている文言などから、ＡＩがスパムか否かを自動的に判断します。侵入の探知などにも用いられます。

Facebookでは、毎日ユーザーから投稿される10億枚の写真について、ポルノや暴力的なものをＡＩが判別し、不適切なものをフィルタリングして除いています。

金融では、不正行為の検知と防止のために使われています（第6章）。

Q プロファイリングやフィルタリングは、金融以外ではどんなところに使われていますか？

プロファイリングの技術は、これまで、Google の検索履歴や Facebook の「いいね！」のデータから、その人がどのような人であるかを推測するのに用いられてきました。

そしてその人に合った広告を送るのです。Google や Facebook は、このような広告モデルによって急成長してきました。Netflix も、同様の手法でレコメンデーション（顧客の好みに合っていると思われる広告を出すこと）を行なっています。

２０１８年3月には、Facebook の個人データが不正な方法で取得されて分析され、アメリカ大統領選挙で用いられた（個人ごとに異なるメッセージを送るために使われた）のではないかということが、大きな社会問題となりました。これは、データサイエンス（後述）の進歩によって、データから個人を正確にプロファイリングすることが可能になっていることを示しています。

プロファイリングやフィルタリングの技術は、医療分野でも利用が広がっています。X線やCT、MRIなどの画像から、ガンやその他の疾患を検知できます。こうして、自動診療への応用が進められています。医師に代わって病気を診断することも試みられています。

また、AIの図形認識能力が発達したため、自動車の自動運転が可能になろうとしています。これが実用化されれば、タクシー業界や運送業界に大きな影響が及ぶでしょう。

AIは、軍事目的にも利用されています。

Q どんな分野でも人間は要らなくなってしまうのですか？

人間でなければできない仕事は必ず残るでしょう。実現できるＡＩが特化型ＡＩでしかないということは、人間でなければできない仕事が残ることを意味します。

機械の力ですべてが実行できるわけではありません。ＡＩの学習過程を含め、人間による仕組みづくりや、結果の検証が不可欠です。また、コンピュータによる自動的な意思決定プロセスを理解し、監視し、改善するのも人間の仕事です。定型化されていない問題に対して大局的な洞察や意思決定を行なうことも、人間でなければできません。

さらに重要なのは、「ＡＩの活用が広がるにつれて、人間でなければできない仕事の中で、価値が高まるものがある」ということです。ＡＩが遂行できる分野で効率が上がれば、人間でしかできない仕事の中で、これまでよりも価値が高まるものが必ずあるはずなのです。そうした仕事を見出し、それに特化する個人や企業が、これからの社会において成長することになるでしょう。

ですから、「ＡＩが職を奪うから大変だ」と騒ぐだけではなく、「ＡＩに何ができるのか」「ＡＩに何ができないのか」「ＡＩの広がりによって価値が高まる仕事は何か」を知ることが、極めて重要です。

そして、人間がＡＩの力を借りて仕事の効率を向上できるように革新を進める必要があります。

3. フィンテック、ブロックチェーン

Q フィンテックとは何ですか?

フィンテックとは「ファイナンス・テクノロジー」の略です。金融とＩＴ（情報技術）との融合による新しい技術革新を指します。

フィンテックでは、決済、融資、資産運用、保険などの分野で、様々な新しいサービスが登場しています。モバイルペイメントやＰ２Ｐ融資（Peer to Peer Lending、第8章参照）といった金融機関に代わるサービスを提供する企業も登場しています。また、スマートフォンを用いる決済や、ＡＩを用いる投資コンサルティング（第4章参照）なども登場しています。これらを、図表１‐２では、中ほどにある四角形で表わしています。

なかでも、ＡＩとブロックチェーン（次項参照）が重要です。図表１‐２では、ＡＩを

図表1−2　フィンテック、AI、ブロックチェーン

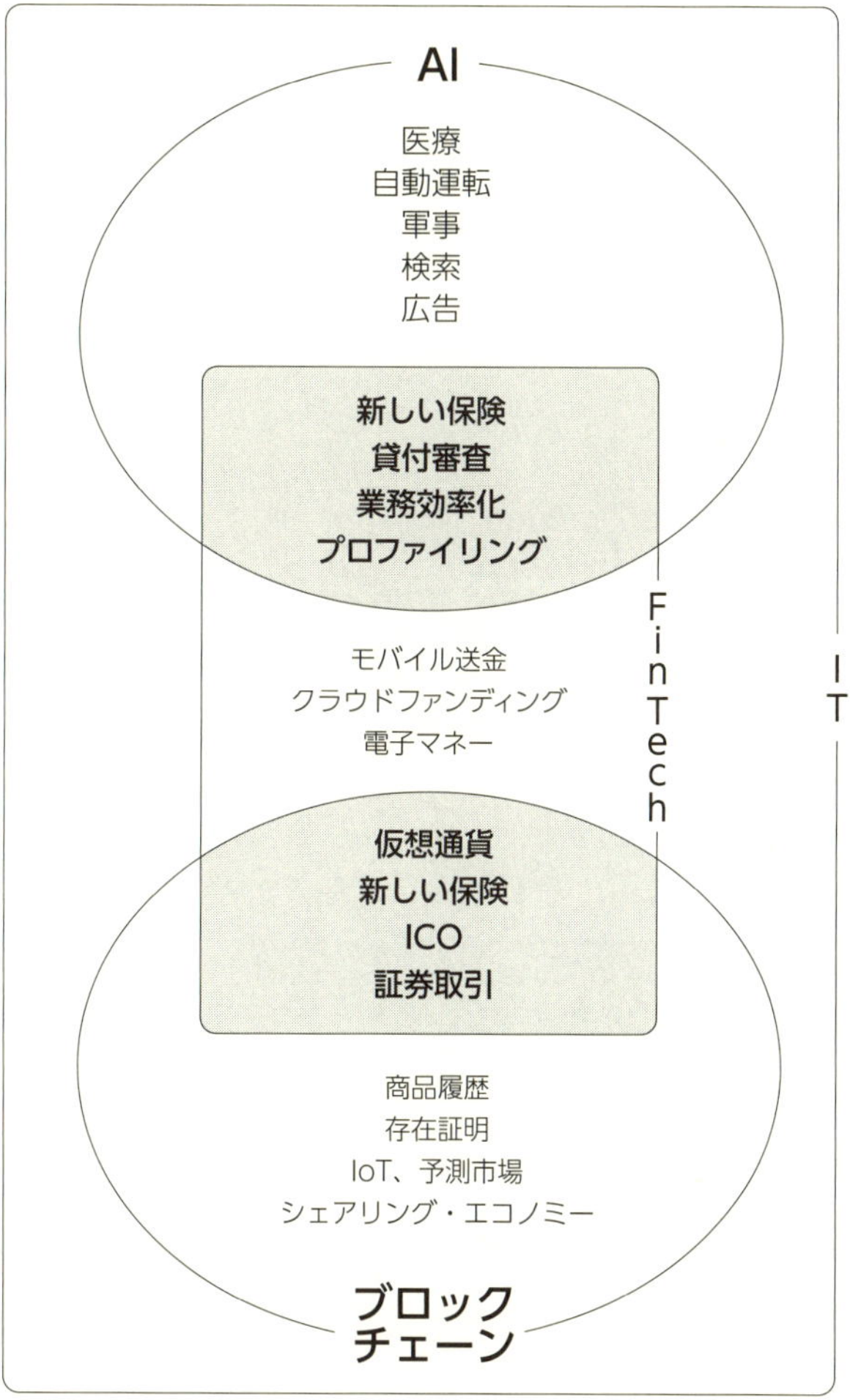

上にある円で、ブロックチェーンを下にある円で、それぞれ示しています。

フィンテックには、AIとブロックチェーン以外のITによるものもあります。例えば電子マネーがその例です。図表1‐2では、これらを、四角形のうち2つの円のどちらにも属さない領域として表わしています。本書では、AIとブロックチェーン以外のフィンテックも扱っています。

AIとブロックチェーン技術以外のフィンテックが世の中を便利にすることは事実です。しかし、真に革新的な変化は、AIとブロックチェーン技術によってもたらされることに注意が必要です。

また、AIとブロックチェーンは、金融以外にも応用できます。これらは、図表1‐2では、2つの円のうち、四角形に属さない領域として表わされています。

なお、AIやブロックチェーンと金融のかかわりと、それらを本書のどこで説明しているかを、図表1‐3にまとめて示します。

図表1－3　AIやブロックチェーンと金融のかかわり

業務	関連技術	本書の説明箇所
貸付審査、ビッグデータの入手	AI	第3章
株価予測、ファンド、ロボアドバイザー	AI	第4章
テレマティクス保険	AI	第5章
P2P保険	ブロックチェーン	第5章
事務自動化	AI	第6章
資金調達	ブロックチェーン	第8章

Q　ブロックチェーンとは何ですか？

「ブロックチェーン」とは、電子的な情報を記録する仕組みであり、仮想通貨の基礎になっている技術です。

次の2つの重要な特性を持っています。

第1は、管理者が存在せず、自主的に集まったコンピュータが運営しているにもかかわらず、行なっている事業が信頼できること。第2は、そこに記録された記録が改ざんできないことです。

ブロックチェーンは、次に述べるように、広範な応用可能性を持っています。

Q ブロックチェーンと金融とのかかわりはどのようなものですか?

仮想通貨がブロックチェーンの最初の応用対象ですが、それだけではありません。ブロックチェーンは、広範な応用可能性を持っています。

保険、証券、資金調達で応用が試みられています。これらは、図表1-2では、下の円と四角形との共通領域として表わされています。

金融関係に限っても、まず、証券取引の決済・清算にブロックチェーンを用いようとする実験が、アメリカの証券取引所NASDAQや、日本取引所グループで行なわれています。

さらに、保険やデリバティブの取引等にも、ブロックチェーンの応用が試みられています。保険の分野では、すでにブロックチェーンを用いた新しいタイプの保険が登場しています。

本書では、保険について第5章で、資金調達について第8章で説明します。

ブロックチェーンは、金融の分野にとどまらず、あらゆるビジネス、組織のあり方、さらには、私たちの働き方にまで本質的な変革をもたらします。

応用範囲は金融にとどまりません。登記、商品の履歴記録、ＩｏＴ、シェアリング・エコノミーなどへの応用が試みられており、経済社会を大きく変える可能性を持っています。これらは、図表１‐２では、下の円のうち四角形に属さない領域として表わされています。

ブロックチェーンについての詳細は、拙著『入門　ビットコインとブロックチェーン』（ＰＨＰビジネス新書、２０１７年）を参照してください。

4. データサイエンス、データ駆動型科学

Q 「データサイエンス」とは何ですか？

一般には、「コンピュータサイエンス、数学、統計学、情報科学などの知見や手法を用いてデータを分析する科学。ビッグデータ、AI、ディープラーニングなどと関連する」と説明されています。

ただし、単に「データを扱う」というだけなら、これまでも広く行なわれてきました。重要なのは、方法論の大転換です。理論とデータの位置づけに関して、これまでとは正反対のアプローチを取っているのです。

従来の考えでは、まず理論モデルがあり、それから観測可能な結果を導き出します。それを実際のデータと突き合わせて、理論モデルの正しさを検証します。これは、「理論駆

動型」または「仮説駆動型」と呼ばれるものです。

ところが、データサイエンスでは、これと逆の方法論を取っています。つまり、理論モデルがなくても、データを用いてコンピュータに判断させ、モデルを導くのです。

モデルが明確には分からない場合もあります。ディープラーニングの場合、なぜ、導き出されたパラメーターの組み合わせが最適なのかが、解釈できない場合もあります。そうであっても、答えが正しければよいとされます。

このため、データサイエンスは、「データ駆動型科学」（data driven science）とも呼ばれます。

ビッグデータなどの新しいデータを活用する経営は、一般に「データドリブン経営」（データ駆動型経営）と呼ばれます。

日本のコンビニエンスストアは、ＰＯＳデータ（Point of Sales data：商品が売れた時点のデータ）を活用した購買行動分析によって、利益率を向上させました。最近では、電子マネーのデータを活用しています。

Q ビッグデータとは何ですか？

スマートフォン利用の広がりなどによって、これまでは利用できなかったデータが大量に利用できるようになってきました。これらは、「ビッグデータ」と呼ばれます。

例えば、スマートフォンを利用してメールを送ったとします。その情報は、相手に届くだけではなく、メールサービスを運営している主体（Gmailであれば Google）によって利用されます。検索の際に入力した情報や、カレンダーに記入した情報も同様です。マップの利用履歴やネットショップでの購入記録なども、ビッグデータとして利用されます。

こうした利用は、必ずしも情報の発信者が意識しているものではありませんが、結果的に、そうしたデータが利用されます。

なおビッグデータは、スマートフォンやＰＣの利用で集められるものだけではありません。

例えばコンビニエンスストアのポイントカードによっても、情報が得られます。コンビニエンスストアがポイントカード利用を勧めるのは、かつては顧客の囲い込みのためでしたが、現在ではデータの取得が主たる目的になっています。

１つ１つの情報は、例えば「コンビニエンスストアで何を買った」というような、どうでもよい情報で、秘密でも何でもありません。しかし、それらを集積し、分析することによって経済的価値が生じるのです。

Q　ビッグデータのサイズは、これまでのデータに比べてどのくらい大きいのですか？

しばらく前までは、データサイズの単位として「メガバイト」を使っていました。しかし、最近では、ビッグデータを扱う場合には「ペタバイト」が単位として使われています。これは、メガの10億倍です。

１メートルを10億倍すれば１００万㎞になりますが、これは月までの距離の約２・６倍です。ですから、これまでは人間の身体のサイズで仕事をしていたのが、宇宙的サイズで仕事をするようになったようなものです。

今後、ＩｏＴ（Internet of Things：モノのインターネット：工場の機械などをインターネットで接続したシステム）によって極めて多数のデバイスにセンサーが取り付けられると、得られるデータの量が飛躍的に増加します。

Q 「データ駆動型」に問題はありますか？

データドリブン経営の多くは、企業が利益率向上のために導入するものです。それは、他方において、プライバシー侵害などの問題もはらみます。

また、新しい格差を生む可能性もあります。平均値で扱われるなら差別化はなされませんが、個別の状況が考慮されると、差が問題になるからです。例えば、信用度スコア（第3章参照）が低いと判断された人が様々なサービスを受けられなくなるなどの問題が発生するかもしれません。

また、格差が、企業間でも生じる可能性があります。ビッグデータを扱える企業は、ごく限定的だからです。それは、新しい形の独占をもたらすでしょう。

Q 「非構造化データ」とは何ですか？

これまでデータ分析で使われてきたデータは、「構造化データ」と呼ばれます。これは、CSVファイルやExcelファイルのように、「列」と「行」の概念があるデータです。構造化データは簡単に分析できます。なぜなら、「どこに何があるか」が列で決められており、しかもデータは数字で表わされているため、演算、比較などが容易にできるからです。

ところが、ビッグデータの中には、これとは性質の違うものが含まれています。まず、新聞・雑誌等の活字データや、図、写真データ、ラジオやテレビ放送等の音声データや映像データがあります。これらは以前から存在していましたが、データ分析にはあまり用いられていませんでした。

これらに加え、最近では、電子メールやソーシャル・ネットワーキング・サービス（SNS）などの文字データ、検索履歴、GPS（全地球測位システム。人工衛星からの電波によって現在位置を知ることができる）から送信されるデータなどが、利用可能になってきました。

これらが、「非構造化データ」と呼ばれるものです。

非構造化データにはまず、データは数字で表わされているけれども、統一的な列と行で整理できていないものがあります。

さらに、データが数字で表わされていないものもあります。数字で表わされない非構造化データには、実に様々なものがあります。

第2章

金融業務へのＡＩ導入がなぜ急務か

1．金融業務へのＡＩの導入と、それが必要な理由

Ｑ　金融機関業務へのＡＩ活用の実例には、どんなものがありますか？

金融業は、もともと情報を扱う産業です。しかも、ルーチン的な業務（定型的で決まりきった業務）が大半を占めています。

このため、金融機関の業務は、ＡＩの利用によって大きく効率化できるでしょう。例えば、事務処理を自動化したり、窓口業務を無人化するといったことです。それは、金融業に極めて大きな変化をもたらすでしょう。

とりわけ重要なのは、パターン認識機能（第１章の１参照）を利用して、業務を自動化することです。

例えば、音声認識機能はパターン認識機能の１つですが、これを用いてコールセンター

図表2－1　業務の自動化

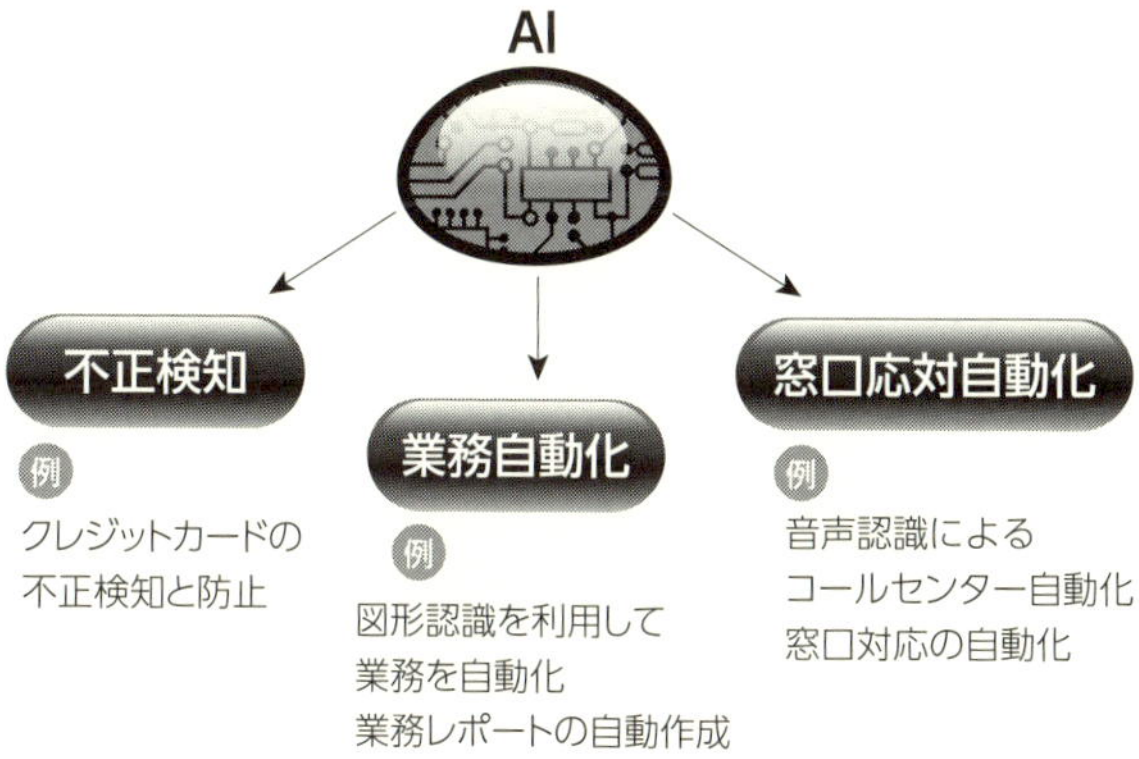

の業務を自動化できます。それによって、待ち時間やプロセス時間を短縮して、顧客満足度を高めることができます。また、高度な情報提供も可能です。例えば、退職によって生じるニーズを予測して、退職金の運用などのアドバイスが効果的にできるでしょう。

また、手書き文字や印刷された文字の認識が正確にできると、事務処理や作業を自動化できます。レポートなどの作成も行なえます。

顔認証は、写真の顔と現実の人間との対応をつける技術です。電子マネーの支払い認証、機器の操作、犯罪者やテロリストの検出などに用いられます。この技術の応用によって、銀行の店舗が無人化しても、不思議はありません。

このようにして、従来は人海戦術的に人間が担ってきた定型的な作業を、自動的・効率的に処理することによって、ミスや無駄をなくしていけるものと期待されます。それによって、バックオフィス業務の効率化、あるいはコスト削減が可能となるでしょう。

以上の詳細については、第6章で述べます。

金融業での応用可能性は、以上にとどまりません。金融業の本体といえる業務にもＡＩが進出しようとしています。

第1に、貸付の審査をＡＩが行なう試み（信用度のＡＩスコアリング）が進められています（第3章）。

第2に、ＡＩが運用する投資信託やヘッジファンドにおける利用が考えられています。また、投資に助言を与えるロボアドバイザーも登場しています（第4章）。

第3に、銀行以外に、保険も大きく変わります（第5章）。

Q ＡＩによって一番大きなインパクトを受ける銀行業務は何ですか？

右に述べたように、ＡＩは広い範囲の金融機関業務に大きな影響を与えます。その中でも、金融業本体の業務に与える影響が重要です。銀行の場合には、次のようなことがいえます。

現在の銀行の三大業務は「預金」「為替」「融資」ですが、ＡＩは、その中でもとくに「融資」に大きなインパクトを与えます。なぜなら、「融資」の判断を、ビッグデータを用いてＡＩが行なおうという試みが始まっているからです。

この判断は、これまで人間でなければできないものと考えられ、銀行業務の中核にありました。こうした変化に対して、銀行が変わっていかなければなりません。

また、ＡＩによる信用審査にはビッグデータが重要な役割を果たしますが、膨大なビッグデータを持つＩＴ企業（Amazon, Google など）が金融業に参入し、銀行業務を開始する可能性があるともいわれます。そうしたことが現実の動きになれば、金融機関を大きく揺るがすことになるでしょう。

Q　AI導入の背景として銀行の収益の減少が指摘されますが、実情はどうなっていますか？

大手銀行5グループの2018年3月期決算を見ると、実質業務純益の合計額は、対前期比19・4％減の2兆394億円となっています（「実質業務純益」とは、金融機関が本業で得た利益を示す指標である「業務純益」から、国債の損益などの特殊な要因を取り除いたものです。本業だけの利益を厳密に見るための指標とされます）。

三井住友フィナンシャルグループは27・1％減、三菱UFJフィナンシャル・グループは15・5％減であり、みずほフィナンシャルグループは33・5％減もの大幅な減少となっています。

地方銀行の状況はさらに悪く、全国地銀106行の2018年3月期決算概要では、単体ベースの最終損益の合計は、前期比0・4％減でした。実質業務純益は5・1％減となっています。これは、5年連続の減少です。

2017年3月期決算では、実質業務純益は19・3％減でした。貸出金残高は増加したものの、貸出金利が低下したため、利益が圧迫されたのです。これは、経営が危ぶまれる状況で、ビジネスモデルの存続自体が問題とされている状況だといえます。

他の産業での業績が好調であることと比較すると、銀行の不調ぶりが目立ちます。

Ｑ　銀行収益はなぜ低下しているのですか？

原因としては、まず、日本銀行が２０１６年に導入したマイナス金利政策（銀行が日銀に預けている当座預金の一部に、マイナスの金利を付ける政策。これによって金利を引き下げようとしています）が考えられます。銀行収益の基本は預貸金利ざや（貸出金利回り－預金債券等利回り－経費率）ですが、それが確保できない状況になっているのです。

アメリカの中央銀行である連邦準備制度理事会（ＦＲＢ）は、金融緩和政策から脱出し、政策金利を引き上げつつあります。ヨーロッパ中央銀行（ＥＣＢ）も、２０１８年中に緩和から脱却する予定です。しかし日本銀行は緩和を継続するとしています。したがって、日本の銀行を取り巻く環境が、簡単に変わることはないでしょう。

日銀は、2017年秋の「金融システムレポート」において、金融機関の収益性が低下しているとの認識を示しました。その原因として指摘したのは、オーバーバンキング（銀行の数が多すぎること）です。しかし、マイナス金利政策が続く環境では、利ざやを確保できません。収支悪化は、必ずしも金融機関の競争激化によるものばかりとはいえないのです。

さらに大きな変化が起きる可能性もあります。例えば、本章の3で述べるように、大手IT企業の金融業参入もあり得ます。日本国内だけでなく、中国からの進出もあり得ます。こうしたことが現実化すれば、銀行の収益力はさらに低下するでしょう。

したがって、金利が上昇すれば銀行の収益力が直ちに元に戻って、問題が解決されるというわけではありません。金融機関は構造的問題に直面しているのであり、ビジネスモデルの転換を迫られています。

Q 銀行は収益減に対してどのような対策を取ろうとしているのですか？

まず第1に、人員の削減です（ただし、銀行は「人員削減」とはいわず、「業務の見直し」といっています）。

実際、各銀行は、次のように人員の削減計画を打ち出しています。

2017年、3メガバンクグループが相次いで業務量削減策を打ち出しました。みずほフィナンシャルグループは、傘下のみずほ銀行の支店など国内拠点の2割に当たる約100店舗を削減し、2026年度末までにグループの従業員を1万9000人減らすとしました。三菱UFJフィナンシャル・グループも、2023年度末までに9500人分の業務量を削減します。三井住友フィナンシャルグループも、2019年度末までに4000人分の業務量を削減するとしています。これらを合計すると、3・2万人分になります。

この背景には、銀行の従業員数が増加しているという事情があります。この結果、1人当たりの生産性は5年前の半分に落ち込んでいます。

銀行単体で1人当たりの実質業務純益を平均給与で割った生産性を見ると、2013年3月期と比較して、三菱UFJ銀行は61％、三井住友銀行は57％、みずほ銀行は32％まで低下しています。

第2は手数料の値上げです。銀行で、両替や振込などの手数料を値上げする動きが相次いでいます。収益の悪化によって、これまでは無料や低料金で提供してきたサービスを維持することが困難になっているためです。

さらに、店舗やＡＴＭなどの固定費をいかに抑えていくかが課題とされています。

以上のように、金融機関が業務の効率化を図り、費用を削減するのは、止むを得ないことでしょう。

しかし、これだけで収益が回復できるわけではありません。

従来の金融機関のビジネスモデルで利益を挙げるのが難しくなっており、新たなビジネスモデルの開発が大きな課題になっています。

抜本的な対策として、ＡＩやブロックチェーンなどを積極的に導入することによって、銀行業務を本質的に変えることが急務になっているのです。

Q ＡＩの導入は、金融機関の雇用にどんな影響を及ぼしますか？ 銀行で大失業時代が起きることはないですか？

これまで金融機関で人間が行なってきた仕事の多くが、ＡＩに代替される可能性は否定できません。ＡＩはすでに、既存の金融機関の機能の一部を代替する存在となってきています。

デジタル革命は、一般に破壊的な影響力を持ちます。金融業が情報産業である以上、甚大な影響を受けないはずはありません。

金融業界における競争は、従来は基本的には金融機関同士の競争でした。しかし、フィンテックが進むと、競争環境が一変するとの意見があります。

アメリカのコンサルティング会社マッキンゼーは、『グローバルバンキング』の２０１５年版で、フィンテックが金融機関の利益を大きく減少させるとの分析を発表しました。今後10年間で、フィンテックによって銀行の利益が60％減少し、売り上げが40％減少するとの予測です。

このレポートは、日本ではあまり注目されませんでしたが、欧米では、衝撃をもって受け止められました。

2．金融機関のＡＩ活用とデータの問題

Q 「ＡＩの活用にあたってはデータが重要だ」といわれますが、それはなぜですか？

それを考えるには、従来の定量的手法とＡＩの利用がどのように違うかを見るのがよいでしょう。

金融機関においても、定量的な手法は、これまでも行なわれてきました。例えば、融資の条件などを決定するにあたって、相手の信用度を定量的に評価することです（これは、「信用度スコアリング」と呼ばれます。その具体的な内容は、第3章で述べます）。この場合の目的は、特定の個人または企業の「信用度」（債務不履行しない確率）を予測することです。

これをいくつかの変数で説明するモデルを作ります。変数としては、学歴、職歴、勤務

形態、年収、住居形態などが考えられるでしょう。

次に、これらの変数を数値化します。例えば、「高学歴で大企業勤務なら高信用度とする」といったことです。そして、各変数にウエイトをつけて総合評点を算出するのです。「スコアリング」は、従来から信用度のみならず様々な対象について行なわれてきましたが、これらは、右のような方法で算出されたものでした。

しかし、これだけでは、単なる数値化にすぎません。しかも、恣意的な数値化です。非数値データの数値化の方法や、各変数につけるウエイトが適切なものかどうかは、事前には分からないのです。これらを適当に選んで数値化してみても、それが信用度（債務不履行しない確率）を適切に予測する指標になっている保証はありません。

例えば、常識的には「高学歴で大企業勤務なら信用度が高い」でよいように思われますが、本当にそれでよいかどうかは分かりません。

そこで、データを用いて、数値化やウエイトづけを適切なものとする必要があります。

ＡＩのスコアリングでは、この目的のために、大量のデータによる機械学習を行ないます。これは、第１章の２で述べた「ＡＩによるプロファイリング」に他なりません。それによって初めて、精密な予測が可能になるのです。

Q プロファイリングのためには、どんなデータが必要とされるでしょうか？

ＡＩによるプロファイリングがこれまでの定量的手法に比べて優れているのは、用いるデータの範囲や量が飛躍的に拡大したことです。

したがって、重要なのはデータです。それがなければ、正確なプロファイリングはできません。

近年では、ＳＮＳ、ブログ等の媒体を通じて顧客に関連する大量の非構造化データ（つぶやき、音声、画像など）が収集され、分析可能な状況になりつつあります。

さらに、モバイル端末の普及や、センサーとインターネットを介した機械対機械（Ｍ２Ｍ）の情報交換によって、データを大量に収集することが容易になりました。

また、電子マネーの利用履歴から情報が収集される場合もあります。

これらは、これまで銀行が持っているタイプのデータとは異質のものです。こうしたデータを、銀行がどのようにして入手できるかが問題となります。

Q 銀行によるビッグデータ関連の取り組みとしては、どんなものがありますか？

三菱ＵＦＪ信託銀行は、２０１８年７月に、個人データ銀行を２０１９年度中にも始めると発表しました。スマートフォンを使って個人に健康診断や、月々の支出、購買履歴などのデータを記録してもらい、個人から同意を得て、預かったデータを企業に販売するというものです。

これに先立ち、三井住友フィナンシャルグループとヤフーは、２０１７年８月に、ビッグデータ分析などを行なう合弁会社の設立を発表しました。ただし、収集した情報を匿名化するのか、本人の同意を得るのかが明らかでなかったため、議論を呼びました。

三井住友フィナンシャルグループは約４０００万人分の顧客情報を持っているといわれます。しかし、同意を得た顧客だけに限れば、データ量は10分の１以下に減少するといわれます。

Q 日本の金融機関はビッグデータを用いるAI活用を実現できるでしょうか？

ＡＩによるプロファイリングが機能するか否かは、金融機関がどれだけのビッグデータを集められるかに依存します。例えば貸付審査の場合を考えてみると、これまでのように審査対象から資料を提供させるのとは、まったく違う対応が必要になります。日本の金融機関にそのような対応ができるかが、これから問われることになるでしょう。

ＡＩによるプロファイリングは、運転履歴や医療データから保険料を決める保険（第5章参照）で用いられています。保険の場合には、こうしたデータを集める仕組みが開発されています。

しかし、第3章で述べる信用度スコアリングの場合には、そうした情報を銀行がどのようにして入手できるかが問題です。これは、決して容易なことではありません。

アメリカや中国では、ＳＮＳのデータや電子マネーのデータを取り入れています。

後述のように Amazon は Amazon Lending という融資サービスを提供していますが、

これができるのも、大量の商流データを持っているからです。

ＡＩは、こうした大量のデータの蓄積があって初めて有効に機能するものです。日本の金融機関がこうしたデータをどう蓄積できるかが問われています。

Q 日本の金融機関がビッグデータを利用する場合に必要とされることは何ですか？

銀行は、顧客の貸付や預金のデータは持っています。しかし、その人は他銀行とも取引きしているかもしれません。そうであれば、銀行は部分的な情報しか持っていないことになります。これらは数値データだから利用しやすいのですが、それらによって正確なプロファイリングができるのかどうかは、疑問です。

また中小企業向け融資の場合には財務データを用いるとされていますが、倒産データなどの蓄積は十分ではありません。

問題はまだあります。それは、「虚偽の情報が提出されていないか？」ということです。

例えば、学歴のデータが真実かどうかの判定は容易ではありません。

様々な指標を自己申告させるだけなら、信用度は操作できてしまいます。評価する立場にいる銀行は整合性のチェックはするでしょうが、その程度では見抜けない虚偽申告もあるでしょう。したがって、申請者が勝手に操作できない指標を用いる必要があります。

日本でも、かつて、中小企業向けの融資にコンピュータによるスコアリングを導入したことがあります（第3章参照）。しかし、中小企業では恣意的な会計処理を行なっている場合が少なくなく、財務データの信頼性が低いという問題がありました。こうした問題が、10年前に比べて大きく改善されているとは思えません。

AIの利用にあたっては、データの収集と評価モデルの作成に、作業の大部分が費やされるはずです。こうした準備なしにAIを導入したとしても、から騒ぎに終わる危険があります。

なお、以上のことは銀行による信用度スコアリングに限った問題ではありません。

AIブームに乗じて「AIによる診断」と称するサービスがいくつも提供されています。例えば、面接をAIが行なうといったようなことです。

しかし、こうしたサービスの中には、ビッグデータによる検証を欠いた、属性の恣意的な数値化にすぎないものもあるように見受けられます。

どのようなデータを使っているか、そして、スコアがどの程度有効に機能したかという成績を公表していないサービスには、注意が必要です。

Q 金融にＡＩを用いる場合、データ入手以外の問題は何ですか？

第1の問題は、債務不履行の確率などは、経済情勢によっても影響を受けるので、過去のデータでうまくフィットしたモデルが、将来も正しいという保証はないことです。

第2に、金融の場合、市場を相手にしていることが問題となります。市場は、新しい情報にすぐさま反応してしまうために、ＡＩの意味が他の対象への応用とは違ってしまう場合があります。この問題については、第4章で詳しく見ます。

第3に、データサイエンスと呼ばれる分野の人材が必要です。これはコンピュータサイエンスや統計学と関わりがありますが、新しい考えと方法論が必要とされる分野です。

3. 大手ＩＴ企業の金融業進出

Q 大手ＩＴ企業が金融業に進出するといわれていますが、実情はどうですか？

金融業は情報産業ですから、ＩＴ企業が金融業に進出するのは、規制がなければ、自然の成り行きです。

金融とｅコマース（電子商取引）との関連はもともと深いので、「ｅコマース企業が金融へ」という動きは、すでに中国で起こっています。

ウエブショッピングの阿里巴巴集団（アリババ・グループ）が、「支付宝（アリペイ）」という電子マネーを開発して、通貨・決済業務に進出しています。

それだけでなく、貸付や保険などの分野にも進出しています。

関連会社の衆安（ジョンアン）保険は、保険加入履歴、オンライン決済口座の取引履歴やネット通販に関連するビッグデータを活用し、新たな商品を開発しています。

２０１７年８月、世界経済フォーラム（ＷＥＦ）は、デロイト トーマツグループと共同で作成したフィンテックに関する報告書の中で、大手ＩＴ企業が銀行にとって脅威となりうる可能性を指摘しました。ＡＩやビッグデータなど最先端の技術を武器に、金融産業の構造を大きく揺るがすというのです。

これが、中国では現実のものになっています。

Q　Amazonが貸付を行なっているそうですが、本当ですか？

Amazon は、ウエブを通じて販売を行なっているため、大量の取引情報がビッグデータとして蓄積されています。従来から、このデータを用いて利用者に「おすすめ」を行なってきたのですが、このデータをＡＩで解析することによって、さらに様々なことができます。すでに、個々の販売事業者に対する融資限度額と貸出金利を自動的に算出して、ネット経由でセールスしています。

これは、Amazon Lendingと呼ばれ、2012年からアメリカで開始されています。2015年の累計融資額は15億ドルを上回り、融資残高は約4億ドルといわれています。

事業計画や担保の代わりに、過去の販売実績や決済データなどを審査の材料として活用します。審査にかかる時間も大幅に短縮されており、ローンの申し込みから入金まで、最短で5日とされます。

Q Amazonが預金や仮想通貨発行などの金融業務に進出する可能性はありますか？

Amazonが金融業務に進出するのは、アリババがウエブショッピングから金融業に進出した経緯を考えても、ごく自然の流れです。

今後Amazonが進出するだろうと予想されているのは、利用者が買い物をする場合の決済です。現在のようにAmazonに登録したクレジットカードを用いるのではなく、

Amazon が設立した銀行に開設した自分の口座から直接に代金を支払えるようにすることが考えられます。あるいは、Amazon が独自の仮想通貨を発行する可能性もあります。

アメリカでこれまでフィンテックを先導してきたのは、スタートアップ企業（ベンチャー企業）でした。

そして、大手ＩＴ企業の金融業進出はありませんでした。Apple Pay や Google Pay（旧Android Pay）などの試みはありましたが、既存の金融業に大きな影響を与えるようなものではありませんでした。

しかし、この状況も変わるかもしれません。

Q ネオバンクとは何ですか？

「ネオバンク」とは、フィンテックの技術を使って金融サービスを提供する事業者のことです。

欧米でネオバンクと呼ばれる企業の多くは、銀行免許を持たない銀行代理業です。預金や融資など、従来銀行が行なってきたサービスを、銀行と契約を結ぶことによって肩代わりし、顧客に新しい金融サービスを提供します。

これと似たものとして、「チャレンジャーバンク」と呼ばれるものがあります。

これは、銀行業務ライセンスを取得し、当座預金、普通預金、住宅ローンなど、既存銀行と同じサービスを、モバイルアプリ上で提供するものです。ネオバンクとは異なり、既存の銀行から完全に独立した事業を展開しようとしています。

Q 銀行APIとは何ですか?

「API」とは、アプリケーション・プログラミング・インターフェースの略で、アプリケーション（コンピュータを利用する目的に応じて作られているコンピュータ・プログラム）の機能や管理するデータなどを、他のアプリケーションから呼び出して利用するための接続仕様や仕組みを指します。それを他の企業等に公開することを、「オープンAPI」と呼びます。

２０１７年5月に成立した銀行法の改正で、銀行によるオープンＡＰＩが努力義務とされました。すなわち、銀行や信用金庫が、顧客向けに提供している残高照会、取引明細照会、振替、振込などのサービスを、「オープンＡＰＩ」として公開するよう努めなければならないこととなりました。

銀行ＡＰＩを利用すれば、スタートアップ企業が銀行のようなサービスを提供することが可能となります。

第3章

AI融資審査の可能性とハードル

1．ＡＩによる信用審査が注目されている

Q ＡＩによる信用審査とは何ですか？

ＡＩの金融業務への応用の1つとして、融資審査に用いる「信用度スコア」（クレジットスコア）が注目されています。データから、特定の個人あるいは企業の信用度を推測しようというものです。

これは、「ＡＩスコア・レンディング」と呼ばれています。融資の判断に必要な信用度をＡＩが算出し、個人や企業向け融資の審査を人間に代わって行なおうとするものです。

これには、「プロファイリング」の技術を用います。第1章の2で述べたように、これは、ＡＩがビッグデータを分析して個人の人物像を描き出す技術です。

Ｑ　ＡＩによる信用審査は、金融機関やそこで働く人には、どのような影響があるのでしょうか？

審査の仕事は銀行の業務の中で最も重要なものの1つなので、これをＡＩが行なうことの意味は、大変大きいと考えられます。

これまで人間が行なってきた審査が自動化されれば、融資の決定が透明化されて効率化します。また、信用度を正確に評価できるようになれば、貸し倒れ損失が少なくなるため、金融機関の業務は効率化されるでしょう。

さらに、これによって、銀行が新しいビジネスを展開することも可能です。

これまでの銀行の融資は、担保主義を基本にしてきました。これに対して、金融庁は無担保・無保証融資や、新規事業に対する積極的な融資が必要であるとしています。しかしこれらは貸出リスクが大きい（貸し倒れの危険が大きい）ため、なかなか実現しません。

ＡＩによる信用度評価を精密にできるようになれば、現状を克服し、新しい融資対象を開発したり、新規事業に対する積極的な融資を推進することが可能になるでしょう。ベンチャー企業による個人間融資（Ｐ２Ｐレンディング：第８章の１参照）も行なわれるでしょう。

経済全体として見た場合には、現在より資源が適正に配分されることになり、それによって経済成長が促進されることが期待されます。

他方で、問題を引き起こすことも事実です。

貸付審査は、単純業務でなく、専門的知識と判断が必要といわれてきた業務です。それが自動化されるのは、金融機関の性格を大きく変えます。究極的には、貸付業務がＡＩにとって代わられる可能性さえあります。

そうなれば、大量の失業が発生する可能性も否定できません。

Ｑ ＡＩによる融資審査の実例にはどんなものがありますか？

アメリカでは、多数のベンチャー企業が、ＡＩスコア・レンディングのサービスを提供し始めています。

Avantは、ビッグデータと機械学習を用いた貸出を行なっています。２０１７年のフィンテック１００（世界の最も優れたフィンテック関連企業のリスト）で、世界第5位に選ばれました。

SoFiは、２０１１年にスタンフォード大学ビジネススクールの学生が立ち上げた会社です。大学卒業生らによる出資でファンドを組成し、それを原資に学生にリファイナンス（借り換え）のための資金を提供してきました。

アメリカでは、学生ローンの約９割が連邦政府による貸付なのですが、これをより低い金利のローンに借り換えることができます。

これまでの貸出では見過ごされていたパターンを見出すアルゴリズム（計算方法）を開発しました。また、固定費がかかる店舗を持たず、借入の申し込みをオンラインで行なうため、業務が効率化されています。このため、SoFiのリファイナンスで利率が下がるのです。同社は、２０１７年のフィンテック１００で、世界第11位に選ばれました。非上場ですが企業価値は40億ドル以上であるとされ、新規株式公開（ＩＰＯ）の候補として注目されています。

Upstartは、若い人向けの信用度を、教育、学習分野、ＳＡＴ（大学進学希望者を対象とした共通試験）やGPA（高校や大学での成績の平均値）のスコア、就業履歴などのデータを用いて算出します。1000ドルから5万ドルの貸出を、数分間で決定します。

ZestFinanceは、信用履歴のない人を対象に機械学習によって信用スコアを計算します。

Q 中国でのAIによる融資審査の実例にはどんなものがありますか？

中国でも、融資判断に用いる個人の信用度をAIで算出する試みが始まっています。

IT大手アリババの子会社、蚂蚁金服（アント・フィナンシャル）のグループ会社が、2015年1月に「芝麻（ゴマ）信用」を始めました。これは、様々な指標の組み合わせで信用度を計算し評価するものです。アント・フィナンシャルは、2017年のフィンテック100で、世界第1位になっています。

これを活用したビジネスコンサルティングなどの業務も行なっています。芝麻信用のスコアだけを用いて無担保融資をする業者も出てきています。

芝麻信用が信用度を数値化できるのは、アリババ・グループのサービスや提携サービスの使用状況など、大量の個人データを持っているからです。

年齢、学歴、職業などの他に、次のようなデータが分析に用いられているとされます。

電子マネーアリペイの決済履歴、公共料金の支払い履歴、ネットショッピングでの購入履歴、シェアリング・エコノミーサービスでの評価、保有金融資産の価値、ＳＮＳなどでの交流関係、趣味嗜好や生活での行動など。

また、データを渡せばスコアが高くなる傾向があるので、利用者は積極的に個人データを渡しているといわれます。人々は信頼を失わないように心がけるので、人間の質を高めるとされます。また、スコアが高いと、シェア自転車の保証金が無料になったり、海外旅行時にWi-Fiルータを無料で借りられるなどの特典も与えられます。

芝麻信用が従来のスコアリングの問題をどの程度克服しているかは分かりませんが、電子マネーの情報が加わっているのは、これまでの信用スコアとの大きな違いです。

消費者金融の分野でも、個人の信用履歴に応じた融資が可能になりつつあります。「趣店（クディアン）」というスタートアップ企業は、ビッグデータを利用することによって、個人の信用を識別する消費者金融を開発しました。同社は、２０１７年のフィンテック１００で世界第３位になっています。

Q 日本におけるAI融資審査の実例にはどんなものがありますか？

まず、個人向けとして、次のものがあります。

ソフトバンクとみずほ銀行の合弁会社J.Scoreが、人工知能（ＡＩ）を活用した融資サービス「ＡＩスコア・レンディング」を開始しました。18項目の簡単な質問に答えるだけで、スコアを算出します。

住信ＳＢＩネット銀行は、ローン審査に人工知能を活用する実証実験を開始しました。融資希望者が質問に回答していくことによって、融資の限度額や利率が決定されます。質問項目は、年収、職業、趣味、買い物の仕方などです。

中小企業向け融資では、みずほフィナンシャルグループが、ＡＩを使って企業の返済能力を自動的に審査する中小企業向け新型融資を、２０１８年中にも始めます。この他、新生銀行や地銀7行によるものなどがあります。

2. ＡＩによる信用審査とこれまでのスコアリングとの違い

Q アメリカのＦＩＣＯスコアとは何ですか？

信用度を数値で定量化する試みは、これまで述べてきた最近のＡＩスコアリングが初めてのものではありません。実は、これまでもなされてきたものです。

アメリカには、「ＦＩＣＯスコア」というものがあります。これは、クレジットカードの購買履歴、各種のローンの支払い履歴、公共料金の支払い履歴などの情報をもとに、Equifax、Experian、TransUnionという三大信用情報機関が算出する、個人のクレジットスコアです。多くのローン会社が審査に使っています。

１９９０年代には、大手銀行のウェルズ・ファーゴが、クレジットスコアリングを用いた中小企業向けの融資を導入しました。そして、他の大手銀行も追随しました。

Q 日本での信用度スコアリングへの取り組みはどうだったのでしょうか？

日本でも、消費者金融会社や信販会社が、この技術を導入しました。消費者金融大手のプロミスは、顧客を年齢・職業等の属性で分類し、契約後の利用状況や返済状況のデータに基づいて与信枠を設定するシステムを導入し、ビジネスを拡張しました。

1998年には、東京都民銀行がクレジットスコアリング型融資の取り扱いを開始しました。

メガバンクもスコアリング融資に取り組みました。決算書の数値などをもとにして倒産確率や回収可能性などを算出し、これを用いて、中小企業向けの無担保・第三者保証不要の融資の審査と貸出金利決定を行なうものです。

2002年に三井住友銀行が「ビジネスセレクトローン」として売り出しました。他のメガバンクも、これに追随しました。

Q スコアリング融資の成績はどうだったのですか？

スコアリング融資には大量の不良債権が発生したため、２００６年頃からは各行とも抑制に転じ、対面審査も含むより厳格な審査基準を導入しました。

スコアリング融資でとくに大きな損失を発生させた例としては、スコアリング貸出を中核ビジネスにした新銀行東京が知られています（新銀行東京は、東京都知事石原慎太郎の選挙公約に基づき、２００５年に開業。中小企業に対する無担保融資を行なうことによって、資金繰りに悩む中小企業を支援することを目的としました。しかし、わずか3年で１０００億円近い累積赤字を抱えることとなり、２０１８年に、東京都民銀行とともに八千代銀行に吸収合併され、行名を「きらぼし銀行」と変更しました）。

新銀行東京でのスコアリング融資がうまく機能しなかった原因としては、財務データが正確でないこと、一部債務者の詐欺的行動があったこと、倒産データの蓄積が少なく信頼性に欠けること、などが指摘されます。

要するに、データが十分でなく、正しい信用力が把握できていなかったのです。

Q AIスコア・レンディングは、従来のスコアリング融資とどこが違うのですか？

利用者が提供する情報だけに頼るのでなく、ビッグデータを活用することです。これまで用いられてきた情報の他に、新しいタイプの情報を活用することによって、精度の高いスコアを作ろうとしているのです。

したがって、ＡＩスコア・レンディングを行なうには、多くの人や企業に関する大量のデータ、つまりビッグデータが必要です。審査対象となる個人や企業のデータだけをいくら集めても、かつてのスコアリング融資と同じことになってしまいます。

例えば、ＳＮＳのデータから返済可能性を推測しようとする場合、ある人のＳＮＳデータと返済の履歴が分かっても、返済可能性は分かりません。多数の人のＳＮＳデータと返済の履歴のデータから、それらの間の関係を見出す必要があります。

図表3－1　信用審査の進歩

従来のスコアリング

例　　　：FICOスコア

適用対象：個人融資

問 題 点 ：十分なデータに基づいた評価でない

↓ **AIとビッグデータの活用**

AIによるスコアリング

例　　　：芝麻信用

適用対象：個人融資

問 題 点 ：プライバシーの喪失

3. AIによる信用スコアリングの課題

Q どんな融資対象にも利用できますか？

ＡＩスコアリングが機能するには、対象が均質で多数であることが必要です。したがって、まず最初に個人が対象となります。中小企業向け融資にも、適切なデータが集まれば、利用できるでしょう。

しかし、大企業向け融資では、個別事情の影響が大きく、活用は困難だと考えられます。とくに、大型設備投資などの審査ではそうです。

このように、ＡＩスコア・レンディングは万能のものではなく、利用対象は限定的であることに注意が必要です。

Q　ＡＩによる融資サービスによって利用者が得られるメリットはどんなものですか？

信用履歴がなかったため、これまで融資を受けることができなかった個人や零細企業が正当に評価され、融資を受けやすくなることが期待されます。

例えば、貧しい家庭に生まれて能力がある、という人は、これまでと違って能力を正しく評価してもらえるでしょう。

クレジットスコアが整備されておらず、融資の基準や担保の仕組みが確立されていない新興国においても、ユーザーのＳＮＳでの交流関係やつながり、その活動内容などを分析して、信用力を審査することができます。

中国では、５億人が信用履歴を持っていないといわれます。アメリカでも、人口の４分の１は、ＦＩＣＯスコアを持っていないといわれます。しかし、中国でもアメリカでも、ビッグデータは利用できます。したがって、ビッグデータを活用した信用スコアが用いられるようになれば、対象者が大きく広がることになります。

シンガポールのLenddoは、インド、ヴェトナム、インドネシアなど、これまで信用履歴がなかった新興国で、AIによる信用度を算出して融資を行なっています。

その半面で、これまで情実やコネで融資を受けていた人は、排除されることになるでしょう。

信用度評価の高い人や企業が優遇され、そうでない個人や企業が排除されるのです。こうなると、人々や企業は信頼を失わないように心がけるようになり、人間や企業の質を高める効果もあるだろうといわれます。

Q AIによる審査技術が、社会に新しい問題をもたらすことはないでしょうか?

スコアリングは、秘密にされている情報を使うのではなく、オープンにされている情報を大量に集めて分析します。だから合法です。

しかし、問題もあります。個人信用情報について懸念されるのは、それが融資の際の評価に用いられるだけでなく、他の様々な用途に用いられることです。例えば、信用度が低いと、航空券を買えないといったことが中国では発生しているようです。

そのうち、雇用の際の評価に用いられるようなことにもなりかねません。こうして、この点数が個人の一般的な評価として社会的に通用することになってしまうでしょう。様々な機会にスコアが用いられ、人々の生活に支障がでる危険があります。

さらに危険な面もあります。プライバシーが侵されるリスクがあるからです。

また、全体主義国家では、反政府活動の取り締まりに使われる危険もあります。

よいものが優遇され、悪いものが排除されるとしても、問題は、「よいものとは何か」という定義です。「権力者にとって都合のよいものがよいものだ」とされる危険は、大いにあります。そうなれば、究極の全体主義国家が実現します。

国中に張り巡らされた監視ネットワークから収集した大量のデータを、権力者が用いることがすでに可能になっています。「独裁者は、政権転覆を計画している者を敏速に把握し、居場所を特定し、彼らが行動を起こす前に投獄できるだろう」との指摘もあります。

第4章

AIは株価予測や資産運用ができるか？

1. ＡＩで株価を予測できるか？

Ｑ　ＡＩによる資産運用が、なぜ注目されているのでしょうか？

第1章でみたように、ビッグデータを用いるディープラーニング型のＡＩが、目覚ましい成果を挙げています。

囲碁で人間に勝つほどの能力があるなら、金融でも能力を発揮できるのではないか？

この手法を資産運用に活用できないか？　そうすれば、市場の平均収益率をつねに上回る収益を生むファンドが作れるのではないか？　こうした期待が、高まっているのです。

では、ＡＩに株価などを予測できるでしょうか？　そして、それを用いて利益を挙げられるでしょうか？

ビッグデータを用いればできるという考えがあります。それが以下に紹介するものです。しかし、実際の成績を見ると、ＡＩによる資産運用が成功しているとはいえない状況にあります。

これは、現在のＡＩが未熟であるためでしょうか？　そうであれば、将来ＡＩがさらに進歩すれば、変わるのでしょうか？　それとも、いくら進歩しても変わらないことなのでしょうか？

この答えは、後者であると思われます。その理由を以下に見ていくことにします。

Q　ＡＩで株価を予測する試みとしては、どのようなものがありますか？

注目を集めているのは、Twitter などのＳＮＳのデータから市場の現在の状況を示すと考えられる指標を算出し、それを用いて株価などを予測しようとする試みです。具体的な研究としては、次のようなものがあります。

インディアナ大学のジョハン・ボーレンらは、ＳＮＳのデータ分析によって株価の予測ができるという論文を、２０１０年に *Journal of Computational Science* 誌に発表しました。

Twitterからデータをランダムに抽出して、感情的な単語がどのくらい出てくるかを示す「センチメント」という指標を算出します。すると、3日後までのダウ平均株価指数を87%の確率で予測できるというのが論文の結論です。

なお、同様の分析は、他にもあります。例えば、ソーシャルメディアから算出したセンチメント指数によって、スターバックス、コカ・コーラ、ナイキの株価の変動が予測できるとの論文があります。

ウエブサイトへのアクセスログ、Google等の検索エンジンにおける検索のトレンド、GPSによる位置情報、気象情報などを用いようとする試みもあります。

また、映像データなどの大量の非構造化データを用いれば予測の精度を上げられる、という考えもあります。

さらに、ウエブクローリング（ウエブサイトからの自動的なデータ収集）によって取得したデータや、スマートフォンで撮影した画像から情報を取得する試みもあります。

Q　ＡＩによる株価予測は、従来の「テクニカル分析」とどこが違うのですか？

株価を予測する方法として古くから提唱されてきた方法がいくつかあります。

その1つは、「テクニカル分析」と呼ばれるものです。「罫線などの手法を駆使してデータを分析すれば、株価変動の法則を見出せるから、売買のタイミングが分かる」というものです。罫線（ケイ線）とは、一定期間の株価の動きをグラフ化したものです。「チャート」とも呼ばれます。

例えば、次のようなことがいわれます。「株価が上昇して天井を打つ。その後下落して安値を付けるが、再び上昇し、先の高値を上回る高値を記録する。そして再び下落し再度安値を付けたあと、反転。しかし、最高値には及ばず反落する。そして相場は下落に向かう」。

つまり、「山が3つあり、中央の山が最も高い。この形状（「三尊天井」と呼ばれます）が現われると、相場の上昇局面は終了して、下降局面に入る」というのです。

あるいは、次のようなこともいわれます。

「一月効果」とは、いくつかの株式について、1月最初の数日間に、収益率が異常に高くなる現象があるというものです。また、「週末効果」とは、金曜日の取引終了から月曜の取引終了までの収益率がマイナスになる株式が多いというものです。

以上のような現象は、「アノーマリ」（異常現象）と呼ばれます。

アノーマリを利用すれば、利益が得られるように思えます。例えば、年末に株式を購入して1月の最初に売却する、あるいは月曜の取引終了間際に株を買う、という投資戦略を取ることです。

しかし、こうした手法が有効かどうかは疑問です。なぜなら、もしそのような法則を用いて株価が予測できるのであれば、人々はそれを利用して、すでに取引を行なっているはずだからです。

したがって、株価はすでに変化してしまっており、いまさら取引したところで、利益を挙げる余地は残されていないでしょう。

例えば、罫線によって、「ある株はいまが買い時」という結論が出たとしましょう。しかし、その結論が依拠している法則もデータも公知のものなので、その株はすでに買われており、株価は上昇してしまっているはずです。そうであれば、いまさら買い注文を出したところで、利益を得ることはできません。

仮に株価変動のパターンが利用されずに残っていたとすれば、それは、利益が手数料で打ち消されてしまうほど小さいものだからでしょう。

Q AIによる株価予測は、従来の「ファンダメンタルズ分析」とどこが違うのですか？

株価を予測する方法としてこれまで提唱されてきたもう1つのものは、企業や経済などについての様々な変数に基づいて分析を行なうことです。これは「ファンダメンタルズ分析」と呼ばれます（ファンダメンタルズとは、「基礎的条件」という意味です）。

例えば、A社が新製品を開発しているとします。A社が発表したデータや報道を分析した結果、近い将来に製品化に成功する可能性が高いと判断されたとしましょう。そうであればA社の株価は将来上昇すると予想されるので、いま投資をすれば利益を得られると考えられるかもしれません。

しかし、この分析で用いられているデータは、発表データや報道など、公知のものです。だから、他の人々も同じようにA社の株価上昇を予測し、投資しているでしょう。したがって、株価はすでに高くなっているはずであり、いまさら投資をしたところで、格別の利益を得ることはできないでしょう。

つまり、公表されているデータから予測されることは、すでに株価に反映されてしまっている（「織り込み済み」になっている）はずなのです。

2. AIクオンツファンドの成績

Q　クオンツファンドやクオンツ運用とは、どのようなものですか？

以前から、「クオンツファンド」と呼ばれるものがありました。これは、高度な数学的手法や金融工学を駆使し、株式、債券、為替、金利などのマーケットのデータや経済情勢などを分析し、その結果にしたがって運用するファンドです。

クオンツ運用のＡＩ化とは、ＡＩやビッグデータ分析の活用によって、資産を運用するファンドマネージャーの能力を強化しようとするものです。それによって、運用パフォーマンスを向上させることを目的としています。

Q AIを用いるクオンツファンドには、どのようなものがありますか?

クオンツファンドとしてよく知られているものの1つに、ルネッサンス・テクノロジーズがあります。これは、約6兆円以上を運用する世界有数のヘッジファンドです。1982年に、ジェイムス・シモンズが設立しました。同社には、数学、物理学、統計学などの専門家が多数在籍して、分析を行なっているといわれます。

もう1つは、ツー・シグマです。ジョン・オーバーデックとデビッド・シーゲルが2001年に設立しました。ビッグデータを集めて機械学習で分析することによって、株式やその他の証券の値動きを予測できるパターンを見出し、市場の平均を超える高いリターンを出しているといわれます。

レイ・ダリオが創業したヘッジファンド運営会社ブリッジウォーター・アソシエーツもよく知られています。2015年3月に、IBMでAIワトソンを開発したデービッド・フェルッチを迎え入れて、AI運用に着手しました。

また、アメリカに本拠を置く世界最大の資産運用会社であるブラックロックは、10年以上前から、ビッグデータやAIの重要性に注目し、研究してきました。「Twitter などのデータや衛星写真、検索履歴など、経済に関連するあらゆるデータを分析し、適切な投資判断を下すために機械学習の手法を用いています。これを、「科学的アクティブ株式運用」(SAE)と名付けています。

Q AIが運用する投資信託にはどのようなものがありますか?

様々な投資信託商品が売り出されています。例えば、次のようなものがあります。ゴールドマン・サックス・アセット・マネジメントなどが、AIが運用する投資信託を提供しています。

日本では、2016年12月に、三菱UFJ国際投信が、AIが銘柄を選択する投資信託の運用を機関投資家向けに始めました。みずほ証券なども、機関投資家向けにAIを用いた株式売買システムの開発に取り組んでいます。

これらのシステムは、ディープラーニングの機能を持っており、機械受注や有効求人倍率などの経済指標や企業の売買高や利益などのデータを分析します。さらに、ニュースや有価証券報告書、ネットの書き込みなどのデータを分析し、翌日の株価指数の騰落を予測するとしています。

そして、値上がりしそうな株式に投資を行なったり、売買のタイミングを判断したりします。

Q AIとビッグデータを用いるファンドの成績はどうですか？

ポール・ホーティンは、前述したジョハン・ボーレンらの論文に刺激され、Twitter情報に基づいて運用するファンドであるDerwent Capital Marketsを２０１１年に立ち上げました。しかし、パフォーマンスは思わしくなく、２０１２年にファンドは閉鎖されました。

また、カリフォルニアのMarketPsy Capitalは、これ以前から同様の投資戦略を採用していました。これは、ブログ、ウエブサイト、Twitterなどから得られるデータを分析し、そこから「センチメント」指数を算出し、その動きを用いて投資をするヘッジファンドです。これによって、2008年から2年間は、40%もの利益率を挙げました。しかし、2010年には、8%の損失率となり、ファンドは閉鎖されました。

こうした事例から、AIを用いて継続的に利益を挙げるのは難しいということがうかがえます。

もちろん、AIファンドといっても、ファンドによって異なる手法を用いているので、それらを一概に評価することはできないでしょう。また、ある時点の成績だけをとっても、全体的な判断はできません。

しかし、コンピュータに判断を委ねるファンドの成績があまり芳しくないことは、他のレポートでも指摘されています。

例えば、三菱UFJフィナンシャル・グループが運営するMUFG Innovation Hubは、調査会社のPreqinが2014年に公表したレポートを紹介しています。それによると、2014年はコンピュータの判断にしたがった運用の成績が人間による運用を上回ったものの、長期的に見れば人間の運用のほうが優れています。過去3年間では、人間による運用が7・88%のリターンだったのに対して、コンピュータによる運用のリターンは5・17

%でした。10年間では、人間の運用リターンが11・56%であるのに対して、コンピュータによる運用が7・85%でした。

Q ロボアドバイザーとは何ですか？

「ロボアドバイザー」（RA）とは、一般投資家に対して、金融商品の売買などに関するアドバイスを与えるために自動化された様々な方法です。

例えば、投資家が、自分のPCやスマートフォンの画面上で、最適な投資信託を探したり、資産運用のアドバイスや助言を受けたりすることができます。

投資家によって運用方法を変えていく投資法を「オーダーメイド型の投資」といいますが、これまでは一部の富裕層向けに限定されたサービスでした。これを一般投資家向けに開放したのが「ファンドラップ」です。これは、金融機関が、投資家の資産状況や資産運用に対する考えなどに合わせて、顧客に代わって資産を運用するものです。しかし、ファンドラップは、手数料が高すぎることが問題でした。

ロボアドバイザーは、ロボットが行なうために、手数料や運用管理費を安く抑えることができます。そこで、この分野に参入する企業が増加しています。

ＲＡが自動化できる資産運用のプロセスとして、プロファイリングによる投資家のリスク許容度などの把握、運用ポートフォリオの設定などが挙げられています。

ＩＢＭは、ＲＡを提供する米Marstoneと提携し、ワトソンの技術を活用したＲＡによって、データを管理したり、顧客行動を分析し、トレンドを把握して、予測に支えられた投資運用アドバイスを顧客に提供することを目指しています。

3. AIが資産運用で成績が悪い理由（その1）簡単に真似されてしまう

Q 市場価格の予測から利益を得られないのはなぜですか?

金融への応用において問題となるのは、市場を相手にしなければならないということです。ところが、金融市場は、次の点において、他の市場とは大きく異なる性格を持っています。

それは、確実に利益を挙げる方法が見つかれば、誰でもそれを簡単に真似できるということです（図表4－1参照）。

通常の製品であれば、新製品が開発されたとき、それを直ちに他の事業者が真似することは困難です。なぜなら第1に、製造の技術が、特許によって保護されているかもしれません。第2に、そうでないとしても、同じようなものを製作することは、容易ではありま

図表4－1　製品の発明は真似できないが、投資法は真似できる

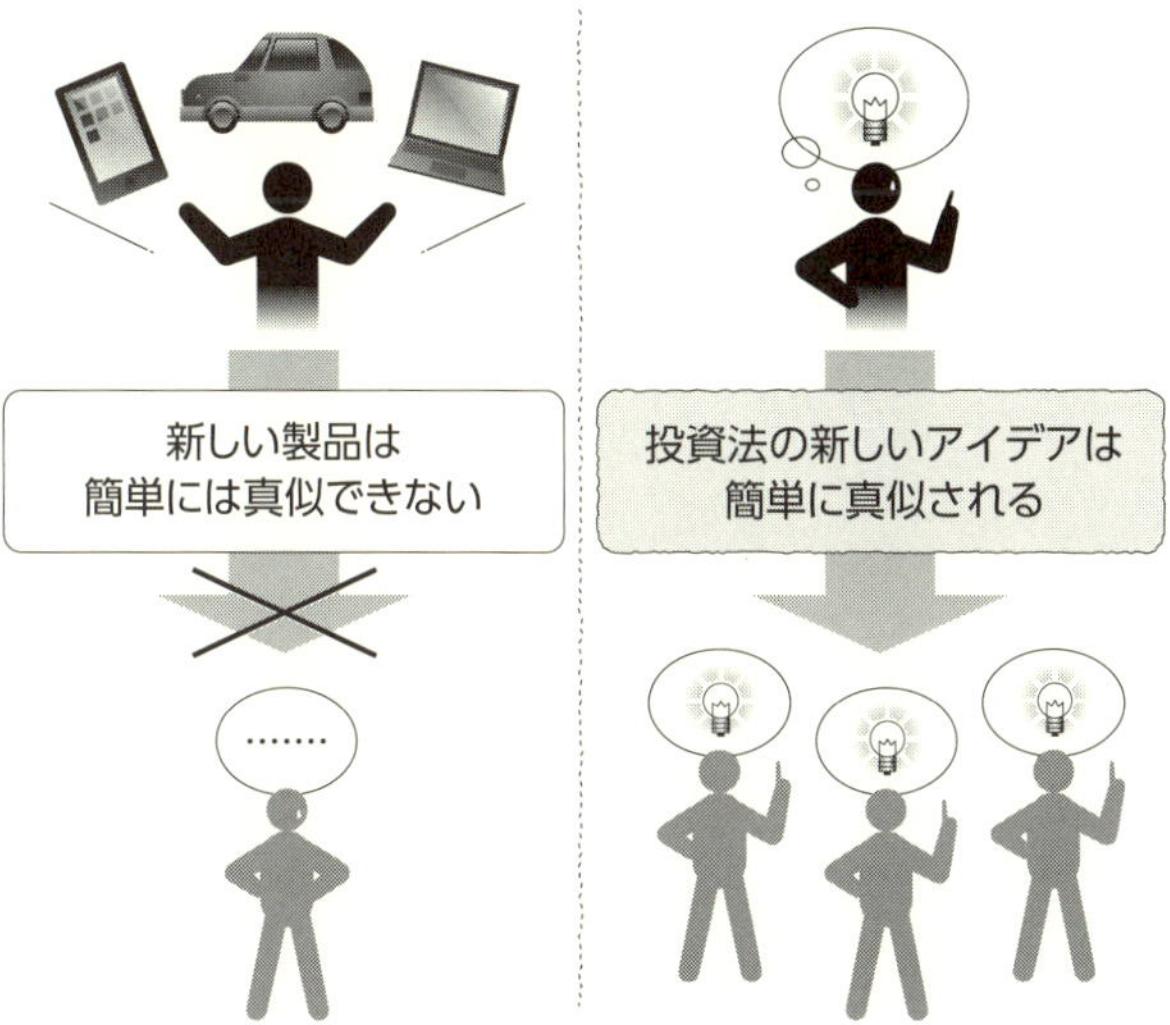
新しい製品は
簡単には真似できない
……..
投資法の新しいアイデアは
簡単に真似される

せん。新工場の建設が必要であれば、巨額の投資が必要です。

　このため、「新しい製品を作り出した企業が、巨額の利益を継続的に得る」といったことが生じます。

　これに対して、金融取引の場合に利益を得るためには、どのような対象に投資するかという情報さえあれば十分です。投資資金が手元になければ、借り入れることもできます。

　このため、確実に利益を挙げられる方法があり、かつそれが用いているデータが公表されていれば、多くの人がそれと同じ方法を実行し、その結果市場価格が変化してしまっ

て、超過利益（市場の平均を超える利益）を得られなくなるのです。

つまり、「iPhoneと同じ機器を作るのは大変なことだけれども、ウォーレン・バフェット（アメリカの著名な投資家）が投資している銘柄に投資をすることは誰にでもできる」ということです。

Q どんな市場でも超過利益を挙げ続けることはできないのですか？

超過利益を得られなくなるまでの時間は、市場によって差があります。この時間が短いのは、取引の対象が均一で、同一商品に関して極めて多数の取引者が参加している市場です。

その典型は、外国為替市場です。ここで取引される円やドルなどの「通貨」は、どの人にとっても同じものです。つまり、取引対象は均一です。そして、極めて多数の取引者が参加しています。国債市場や株式市場も、同様の性質を持っています。こうした市場では、超過利益の可能性が長期間にわたって継続することは、滅多にありません。

このことは、「裁定取引」という言葉で表現されます。「裁定取引」とは、確実に利益を挙げることができる取引です。いま、同一の価値を持つ金融商品であるにもかかわらず、一方が高く、一方が安かったとします。その際、割高なほうを売り、割安なほうを買います。価格が理論価格に近づいて割高・割安な状態が解消されたなら、反対売買を行なうことによって収益化することができます。

外国為替市場や国債市場、株式市場では、裁定の機会は、一時的には存在するかもしれませんが、すぐに取引が行なわれて、消滅してしまうのです。

これに対して、不動産市場の場合は、だいぶ事情が異なります。不動産市場は個別性の強い市場であり、個々の不動産の価値は様々な個別事情によって影響されます。しかも、いくらでも細分して取引できるわけではなく、最低取引単位があり、それは通常はかなり大きなものです。

このため、市場価格が割安であることが分かっていても、直ちに裁定取引が行なわれるわけではありません。したがって、超過利益の可能性がかなりの期間にわたって残っている可能性があります。

4. AIが資産運用で成績が悪い理由（その2）パッシブ運用が最適

Q ファイナンス理論は、投資法についてどのようなアドバイスをしているのでしょうか？

ファイナンス理論は「合理的な投資法」を教えてくれます。それは、「分散投資」を行なうことです。所有している財産を1つの資産に集中させず、様々な資産に投資するという方法です。そうすることによって、収益の平均値（期待値）を変えずに、リスクを小さくすることができます。この原理は、中世のイタリアにおいて、すでに知られていました。

ただし、単に「様々な金融資産を保有すればよい」というわけではありません。どのようなポートフォリオ（金融資産の組み合わせ）を作ればよいかが重要です。

１９５０年代に、ハリー・マーコヴィッツによって、「リスクのある資産を組み合わせて、いかなるポートフォリオを作るべきか?」という問題に対する数学的に厳密な答えが与えられました。これが、「平均・分散フロンティア」の理論です。マーコヴィッツは、この業績によってノーベル経済学賞を受賞しました。

１９６０年代に、エール大学の経済学教授ジェームズ・トービンが、マーコヴィッツの体系に「安全な資産」（リスクのない資産。例えば国債）を導入しました。この分析の結論は、「リスク資産のポートフォリオは、誰にとっても同じである」ということ、そして、「投資者によって異なるのは、安全資産への投資比率だけである」という驚くべきものでした。

トービンの理論は、現実の投資信託に大きな影響を与えました。なぜなら、危険資産の最適なポートフォリオが誰にとっても同一だとすれば、株価指数を再現するようなファンド（例えば、日経平均株価指数と同じような値動きをするファンド）を作るだけでよいからです。

このようなファンドは、「パッシブ運用の投資信託」または「インデックス・ファンド」と呼ばれます。最初のインデックス・ファンドは、１９７１年にアメリカのウェルズ・ファーゴ銀行によって作られました。

これに対して、値上がりしそうな金融商品を予測して投資をし、それによって、市場全体の平均的なパフォーマンスを上回る収益の実現を目的とする従来型のファンドを「アクティブ・ファンド」と呼びます。

Q アクティブ運用とパッシブ運用のどちらの成績がよいのですか？

インデックス・ファンドが作られるようになってから、「アクティブ・ファンドの運用成績はインデックス・ファンドを超えられるか？」という問題を巡って、激しい論争が起こりました。

なぜなら、仮にインデックス・ファンドのほうが成績がよいということになれば、「アクティブ・ファンドの運用にかかわっていたファンドマネジャーたちは不要」ということになってしまうからです。

ところが、実際には、インデックス・ファンドの成績がアクティブ・ファンドより優れ

図表4－2　アクティブ・ファンドの成績

インデックスのパフォーマンスを下回っている
日本のアクティブ・ファンドの割合（2017年6月末時点）

(%)

ファンドの分類（投資先）	1年	3年	5年	10年
日本の大型株ファンド	70.9	52.4	60.1	63.0
日本の中小型株ファンド	58.4	45.9	46.0	65.2
米国株式ファンド	65.7	94.4	87.5	87.5
グローバル株式ファンド	71.0	88.1	87.1	92.0
新興国株式ファンド	74.7	89.6	86.8	90.3

出所：東証マネ部！「『アクティブファンドがインデックスに勝てない』根拠とは？」

ている場合が多いことが、次第に認められるようになりました。そして、インデックス・ファンドの運用総額は急成長し、１９８０年代には投資信託の主流になりました。

　パッシブ運用とアクティブ運用に関する調査である「SPIVA®U.S.Scorecard」(2016)によると、株価指数である「Ｓ&Ｐ５００」より成績が悪かった大型株アクティブ・ファンドの割合は、過去15年で92・15%です。このように、ほとんどのアクティブ・ファンドが、株価指数より成績がよくないのです。

　日本の場合にも、同様の結果が見られます。過去10年で見てみると、インデックスよりパフォーマンスの悪かったファンドの割合は、大型株ファンドで63・0%、グローバル株式ファンドで92・0％、新興国株式ファンドで90・3％などとなっています（図表4-2参照）。

このように、資産運用の世界においては、様々な方法を活用したところで、市場に打ち勝つことはできないのです。もちろん、積極的な投資を行なって巨万の富を築いた人は、昔から大勢います。現代では、ウォーレン・バフェットが有名です。

しかし、これは、「偶然にしか勝敗が決まらないゲームでたまたま勝ち抜いてきた人がバフェットだった」と解釈できます。「バフェットの投資方法」というものがあって、それにしたがえば、儲かるというわけではないのです。

５．資産運用にＡＩを用いることの影響

Q　資産運用にＡＩが使われるようになれば、我々はどのような利益を得ることができるのでしょうか？

すでに述べたように、ＡＩを利用しても、人々より高い収益を継続的に得ることは、残念ながら、できないでしょう。

これは、ＡＩがいかに進歩したところで変わりません。市場が適切に機能していれば、ＡＩといえども、マーケットより正しい答えを出すことはできません。だから、ＡＩで利益を挙げ続けることはできないのです。

ただし、無駄な損失を被ることは少なくなります。要するに、市場の平均と同じようなリターンを多くの人が得ることが可能になるのです。

この問題を、次のように考えることもできます。誰かが投資の必勝法を考え出したとして、その方法を人に教えるでしょうか？

金融投資の場合には、「教えない」と考えるのが自然ではないでしょうか？

なぜなら、もし教えれば、他人に真似されて、自分が得られる利益は少なくなってしまうからです。

例えば、「将来値上がりしそうな株はどれか」ということが分かってしまうと、すでに述べたように、その銘柄に投資が集中して値上がりし、自分が購入しようとしても、原価が上がってしまいます。

このことを、経済学者のポール・サミュエルソンは、次のように表現しています。

「たぐいまれな金融投資法を知る少数の人々は、その才能をフォード財団や地方の銀行の信託部門などに貸したりしないだろう」（彼らは、そうせずに自分自身の資産を運用するだろう）。

Q この技術が広く使われるようになれば、金融機関や経済全体にどのような効果があるのでしょうか?

この章で述べてきたことは、「AIの進歩が金融市場や金融取引に何も影響を与えない」ということではありません。AIの活用は、金融取引に関する強力な手助けになり、その結果、市場の機能を向上させるでしょう。

例えば、これまで知られていなかった株価変動のパターンをAIが見出すことはあり得るでしょう。すでに述べたように、SNSなどのビッグデータの分析から、そのような傾向が検出されるかもしれません。そうなれば、株価をより正確に予測できるようになります。

ただし、そのパターンを利用した取引が直ちに行なわれてしまうため、超過利益は永続できません。これが先に述べたことです。

しかし、市場はこれまでよりも素早く状況変化に反応できることになるわけで、市場の機能は高まるのです。

また、「最適なリスク資産は誰にとっても同じ」といっても、それを計算するためのデータは、時々刻々変化します。したがって、それらの情報を反映させて、最適資産を作り変えていかなければなりません。

AIの活用によって、そうしたことはこれまでより素早く、適切になされるでしょう。そして、これまでより成績がよいインデックス・ファンドができるでしょう。

ただし、この場合に、そのファンドの成績が市場の平均値をつねに上回るわけではありません。市場の平均的な収益率自体が上昇するのです。つまり、特定の投資家の永続的利益にはならないけれども、金融全体の機能は高まるのです。

マーケットの機能が向上することによって、経済全体の資源配分がより適切に行なわれるようになり、経済成長が促進されると期待されます。

Q この技術が、新しい問題をもたらすことはないでしょうか?

自動取引が行なわれることによって、マーケットの不安定性が増してしまう危険もあります。

なお、「ＡＩを用いた投資信託やファンドだから、収益が高い」というような宣伝文句を用いたセールスが出てくるかもしれませんが、そうしたものには注意することが必要です。しかし、そのような宣伝に惑わされて損失を被る人が出てくる危険があります。

第5章

保険の世界で大変化が起きる

1. いま保険業で起きている変化の本質

Q　AIやブロックチェーンは、保険にどんな変化をもたらしますか？

　AIやブロックチェーン技術によって、保険業に大きな変化が起ころうとしています。新しい保険が登場し、従来の保険商品はそれに浸食されます。それだけでなく、保険のビジネスモデルの基本が変革を余儀なくされます。このように、破壊的ともいえるイノベーションが、今後保険の世界に起きると予想されています。

　AIやブロックチェーンは金融の様々な分野に影響を与えますが、保険に与える影響は、銀行の場合より大きいかもしれません。これは、500年来の大変化といえるものです。保険会社も規制当局も、また利用者も、こうした変化に対応する必要があります。

　新しい保険が登場すると、人々が望むような保険が可能になります。その可能性を実現した企業が、今後の保険業界で生き延び、発展することになるでしょう。

コンサルティング会社アクセンチュアの「Technology Vision for Insurance 2017」（２０１７年７月）によれば、保険会社の経営幹部の75％（日本では67％）が、今後３年間で保険業界全体が大きく変わる、もしくは完全に変容するだろうと考えています。

このような動きは、「InsTech」（インステック）や「InsurTech」（インシュアテック）と呼ばれています。これは、「Insurance」と「Technology」の合成語です。保険業界版のフィンテックともいえます。

Q この変化は、どれほど大きな変化なのでしょうか？

保険の原理は、類似のリスクを多数集めてプールすることです。

この基礎にあるのは、「大数の法則」です。例えば自動車事故を考えてみると、個々の自動車について事故が起こるかどうかは、確率的にしか分かりません。しかし、十分多数の自動車を集めれば、そのグループでの一定期間の事故の発生数は、ほぼ確実に決まります。

したがってグループ全体の損害額も、ほぼ確実に決まります。それを保険料として徴収すれば、たまたま事故を起こした人に保険金を払うことができます。つまり、多数の類似のリスクを集めることで、個々の人々のリスクを低減させることができるのです。

この原理の発見が、中世のイタリアで保険や分散投資という仕組みを生み、それが地中海貿易を発展させました。そして、その後の大航海時代において株式会社という組織を生み出していきました。この意味で、大数の法則とそれに基づく保険や分散投資は、ヨーロッパの資本主義の基本的な原理と仕組みになったと考えることができるでしょう。

しかし、保険の基本的なビジネスモデルは、それから500年間、本質的に変わらなかったのです。日本の保険業は、最近に至るまで、このビジネスモデルから踏み出していませんでした。とはいえ、世界中の保険業者のすべてがそうだったわけではありません。例えば、ロイズ（イギリスの個人保険業者の集団で、イギリスの保険市場において、保険料収入で約3分の1の比重を持っています。また、世界の損害保険市場の中心となっています）は、17世紀に単独リスクの引き受けを始めています。

ＡＩやブロックチェーンによって、保険のコストが下がり、新しい保険商品が登場します。しかし、それだけではなく、保険の原理そのものが大変革を迫られているのです。

2. AIを用いるテレマティクス保険

Q 「テレマティクス保険」とは何ですか？

「テレマティクス」とは、「テレコミュニケーション」(電気通信)と「インフォマティクス」(情報学)を組み合わせて作られた言葉です。移動体に通信システムを搭載して行なうサービスの総称です。

自動車保険では、「テレマティクス保険」と呼ばれるものが登場しています。これは、運転状況を詳細にモニターし、そのデータから、個人ごとに異なる保険料を設定する、新しいタイプの自動車保険です。

このためには、契約者の運転状況を把握することが必要であり、自動車にセンサーを搭載し、運転状況をモニターします。

図表5－1　テレマティクス保険

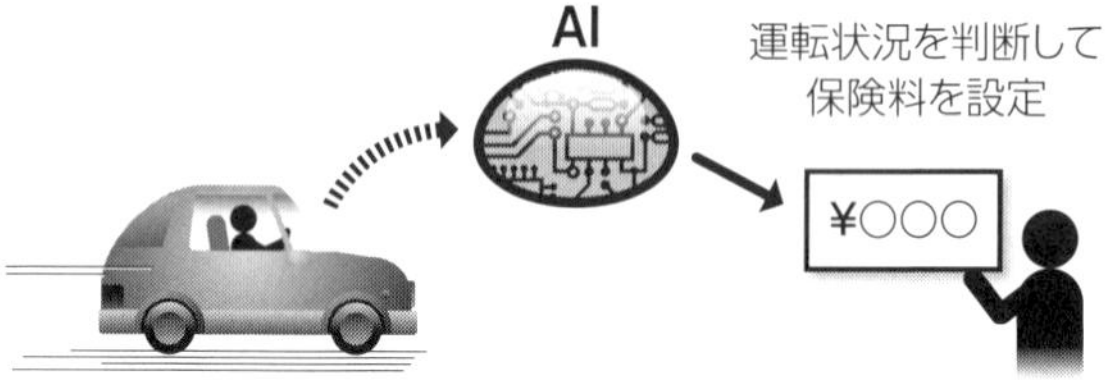

アメリカの保険会社Progressiveが、1992年からテレマティクス保険の研究や実証実験に着手し、新しい自動車保険のモデルを開発してきました。

アメリカやイギリスでは、すでに導入が進んでおり、2020年には契約件数の約3割を占めるだろうと予測されています。

Q「テレマティクス保険」の特徴は何ですか？

これまでの保険では、保険の条件は、大まかな括りでしか決まっていませんでした。それに応じて均一の保険料を設定していました。

例えば、自動車保険では、年齢、事故の履歴、免許証の種類等が、生命保険では、健康状態、病歴、年齢等が、それぞれ考慮されるのみです。

これは、統計的な手法を用いて保険条件を設定するものであり、「平均値の世界」と呼べるものでした。

ところが、AIとビッグデータを活用すると、個々の対象についての正確なプロファイリング（第1章の2参照）ができるようになります。そうなると、個人ごとに個別の保険料を設定することができるようになります。

Q　AIを用いる医療保険にはどんなものがありますか？

自動車のテレマティクス保険と同じようなことが、医療保険でも試みられています。

中国の衆安保険（アリババ、テンセントなどを中心に2013年に設立されたインターネット専業の損害保険会社で、15年のフィンテック100で世界1位）は、糖尿病患者を対象とした医療保険を提供しています。テンセントが開発したタッチパネル式の測定端末で血糖値のデータを取り、血糖値が規定値を下回れば、保険金が増額されるようになっています。

図表5−2　AI医療保険

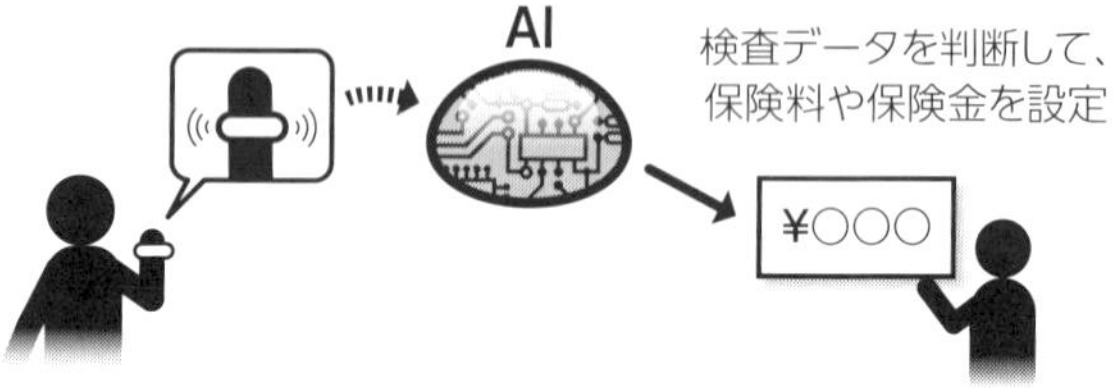
AI
検査データを判断して、
保険料や保険金を設定
¥〇〇〇

アメリカには、Oscarがあります。契約者に対して、医師の24時間電話診察、往診、ジェネリック医薬品の処方などを無料で提供します。また、契約者にフィットネスモニターを無料配布し、状況に応じて報奨金を提供しています。

国民皆保険が存在しないアメリカでは、医療保険が高すぎて加入できない人が多いことが問題でした。Oscarは、低価格で多くの人が加入できる保険を提供することによって、この状況を改善しつつあるといわれます。

なお、ＡＩを利用した保険としては、以上で述べたものの他にも、防犯や防災に寄与するセンサー類を設置すれば保険料を割引くスマートホーム保険や、自動車事故を起こした場合に、スマートフォンで事故現場を撮影すればＡＩが損傷度合いを判定する保険など、様々なものが登場しています。

3. AI保険を実現する条件や問題点

Q テレマティクス保険を実現するための条件は何ですか？

テレマティクス保険を実現するには、自動車のセンサーやウェアラブル端末（身に付けるタイプの端末のこと。手首に装着して、血圧や心拍数、睡眠時間等を計測できるものなどがあります）からデータを集めるだけでは十分ではありません。それらを適切に評価し、保険料率や保険金額に反映させることが重要です。

そのためには、様々なデータを用いて正しい評価をする必要があります。これを実現するには、ビッグデータの利用が必要になります。

保険料率を全体として下げることができるか、そして、本当に努力をしている人が報われるような保険ができるか、こうしたことが実現できるかどうかは、まだ分かりません。

つまり、新種の保険を導入したというだけでは、十分ではないのです。重要なのは、その保険の内容をどのようなものにするかです。

保険会社としては、どれだけ効率的な保険を提供できるかの競争になります。そのためには、データを用いて正しい評価をする必要があります。

Q AIを用いる保険はどこがよいのですか?

従来の保険が抱えていた問題の1つは、「モラルハザード」です。これは、「保険によって守られているので、契約者が十分な安全策を講じない」という問題です。

これまでの自動車保険では、契約者の過去の事故履歴などは参照しますが、その程度のデータ参照では、乱暴運転をやめない人が多いのです。その結果、保険金の支払いが多くなり、保険事業の採算が悪化します。

この状態が、個別の状況を判別できるテレマティクス保険によって、改善されるものと期待されます。これまで「平均というベール」に隠されていたものが、あぶり出されるからです。電気料金を定額制から従量制にすれば、過剰使用を抑制できるのと、原理的には同じことです。

運転行動連動型のテレマティクス保険であれば、優良運転手の保険料は安くなり、乱暴運転手の保険料は高くなります。このため、人々は注意して運転するようになります。そしてモラルハザードが減少し、保険会社の採算は改善します。

医療データを参照する医療保険では、人々は、これまでより健康管理を心がけるようになります。その結果、医療費や医療保険の支払いが節約されます。このような先進的な医療保険は、日本でも強く望まれるものです。

Q　新しい保険が普及するようになれば、我々の生活はどのように改善されるのでしょうか？

正当な努力をしている人の保険料率が低くなり（あるいは保険金が多くなり）、正しく報われることになります。

モラルハザードがなくなるため、保険料率の引き下げが可能になります。健康に気をつける人が増えることによって健康保険の給付金額が増えたり、優良運転が増えて自動車保険の保険料が下がるのもよいことです。

また、これまでは、保険には定型的な商品しかなく、契約は複雑で、勧誘によって一度加入するとやめられないなど、イメージは必ずしもよいとはいえませんでした。それが新しい技術によって大きく変わります。

後で述べるようなオンデマンド保険などが普及すれば、保険の加入・脱退が簡単にできるようになるため、不都合な保険に長期間束縛される事態がなくなります。

Q 新しい保険が普及するようになれば、保険業界にはどのような影響があるのでしょうか？

これまで、どこの国でも保険業は規制が強く寡占的な業界であり、巨大企業によって支配されてきました。また参入規制があったため、企業数が制約されていました。そして、人海戦術的な営業活動が行なわれていました。こうした事情を考えると、人々が本当に望む保険が提供されていたのかどうかは、疑問です。

競争原理が十分に働かず、利益率も高く、従業員の給与も高水準であることを考えると、保険料率が妥当だったかどうかも、疑問です。

こうした状況が、新しい技術によって大きく変わるものと期待されます。

保険会社は適切な保険料収入を設定できることとなり、業務が改善するでしょう。

経済全体がより適切にリスクに対処することができるようになるため、資源配分の効率性が向上します。また、これまで避けられていたリスクのある商品開発に挑戦することが可能になるでしょう。

Q 「ライフログ」を保険会社に提供することによるリスクにはどんなものがありますか？

「ライフログ」とは、人間の生活・行動・体験を、映像・音声・位置情報などのデジタルデータとして記録したものです。

これは重要な個人情報ですが、流出すると大きな問題が生じます。先に述べたような新しい保険では、ライフログが広く使われるため、プライバシーが侵される危険があります。

また、平均値からの脱却が、新しい格差を生む可能性もあります。平均値で扱われるならさほどの差別化はなされませんが、個別の状況が考慮されると、差が問題とされるようになるからです。

4.「P2P保険」などの新しい保険

Q「P2P保険」とは何ですか?

「P2P保険」とは、何人かでグループを作って資金を拠出し、グループ参加者に起きた事故に保険金を支払う仕組みです。10人程度の比較的小さいグループが想定されています(P2Pとは、Peer to Peer のことで、対等の者〈Peer〉同士が交信することを指します)。

代表者がメンバーから保険料を集め、一部をグループ内にプールし、残りを保険会社に支払います。

保険金が少額である場合には、メンバーがプールした資金から支払います。高額の保険金だけを外部の保険会社に払ってもらいます。さらに高額になる場合には、再保険会社に払ってもらいます(「再保険」とは、保険会社が入る保険のことです。保険金の請求が巨額になった場合にも対応できるよう、別の保険会社に加入して支払いリスクを分散させるのです)。

このような仕組みのため、保険料を極めて低く設定できます。

これまで、「多数のメンバーを集めてグループを形成しなければリスクはプールできない」と考えられていたのですから、これは従来の保険の基本的な原理に対する挑戦です。

これは、シェアリング・エコノミー(自動車、住居、家具などの個人所有資産を、自分だけで利用するのでなく、他人に貸し出すこと)を保険に適用したようなものと考えることもできます。保険会社による保険の引き受けそのものが、一部分は否定されてしまうとも解釈できます。

なぜこんなことが実現できるのでしょうか? その理由として、グループメンバーの保険請求実績によって翌年の保険料が決まるため、加入者がリスクの高い行動を慎むようになることや、お互いによく知っているグループだから不正請求もないこと、などが指摘されます。

友人や知人などで形成されたグループ内では、故意に保険金を受け取ろうとするインセンティブが働きにくく、またグループで次年度以降の保険料を低廉化しようとするインセンティブが働きやすいというわけです。

Q　P2P保険の実際の例としてはどんなものがありますか？

Ｐ２Ｐ保険は、２０１０年に、ドイツFriendsuranceの自動車保険から始まったといわれます。友人同士がFacebookを用いてグループを形成します。1年後に事故が発生しなければ、保険料の払い戻しを受けることができます。

いま注目を集めているのは、アメリカのLemonadeです。これは、家財単体を対象としたミニ保険（少額短期保険）で、２０１５年に始まりました。保険の加入は、コンピュータ処理によって自動化されています。チャットボット〈対話〈chat〉するロボット〈bot〉〉との簡単なやり取りで、オペレータを介さず、数秒で保険への加入や保険金の請求手続きができます。

Teambrellaも似た仕組みです。Dynamisは失業保険を行ないます。

Coverは、スマートフォンなどを用いて家財保険申請を手軽に行なえるサービスです。保険をかけたい所有物の写真を撮影して送信するだけで、申請が完了します。

P2P保険を、ブロックチェーンを用いて運営する試みもあります。こうなると、グループメンバーが仲介者なしに直接につながることになります。

Q 「パラメトリック保険」とは何ですか？

「パラメトリック保険」(parametric insurance) とは、損失額を測定してから保険金を支払うのでなく、特定の事象の生起に対して保険金を払うものです。例えば、ある規模の地震が起きれば、自動的に保険金を支払います。

災害保険、作物保険などでこのモデルが適用されます。大規模な災害が発生した場合には、迅速な保険金支払いが必要となるため、パラメトリック保険が重要な機能を果たします。損失額を算定する代わりに、ソーシャルメディアやIoT (モノのインターネット) のセンサーなどから取得した情報を元にして、ほぼ自動的に保険金の査定、決定、口座振替などを行ないます。

従来の保険だと、手続きが面倒なので申請を行なわない場合も多くありました。旅行保険の場合、加入者の半数以上が、遅延に見舞われたにもかかわらず、保険金を申請していないといわれます。そこで、旅行保険をブロックチェーンを用いて自動化し、瞬時に保険金の支払いをする仕組みがInsurETHによって提供されています。

Rainvowは、天候不順によって生じた交通コストをカバーする保険です。ChainThatは、物理的な文書なしに保険を提供するサービスです。

Q「マイクロ保険」とは何ですか？

「マイクロ保険」は、「少額の保険料で加入できるが、保障する範囲は狭い」という保険です。もともとは、途上国などを対象に、掛け金も低いが保障も低めという、低所得層を対象とした保険を指しました。主に南米、アフリカ、中国、インドなどで発展し、健康保険から生命保険など様々な種類があります。

マイクロ保険で現在代表的な企業は、Trovや、マイクロ旅行保険を扱うSureなどです。

マイクロ保険に属しているある保険では、腕にリストバンドをつけ、血圧や体脂肪、心拍数などを計測します。長期的には体重の推移なども計測します。これらのデータは、リアルタイムで保険会社に運ばれ、保険会社は健康状態による保険加入の可否を判断します。さらに的確な保険料までも算出してくれます。

Q 「オンデマンド保険」とは何ですか？

これまでの保険商品には、最低限必要な加入者数が必要となることに加え、新しく斬新な保険商品を提供することが難しいという問題がありました。ところが、最近では、「加入者が必要なものに、必要な期間だけ加入する」という保険が登場しています。これらは、「オンデマンド保険」と呼ばれます。

例えば、マイクロ旅行保険を扱うSureでは、旅行中だけスーツケースに保険をかけられます。空港で預けてから自宅に持ち帰るまでの間だけが保険期間となり、その使用頻度に合わせて保険料が算出されます。

Trovでは、加入したい家財を撮影し、それを保険会社に送信するだけですぐに加入できる保険を提供しています。保険金の請求や審査もスマートフォンからできます。

これらの新しい保険は、わざわざ保険会社に行ったり外交員に会ったりするのが面倒だと感じる人にとっては、便利な保険です。

東京海上日動の「ちょいのり保険」という自動車保険では、1日（24時間）単位で加入できる短期的な保険の加入を実現しています。

第6章

金融機関業務の大規模な省力化が進む

1．顧客対応を自動化する

Q　ＡＩによるコールセンターの自動化は、どの程度進んでいますか？

音声認識技術を用いてコンピュータが人間の声を認識できれば、コールセンターの自動化が可能になります。

これまで、コールセンターのオペレータは、利用者からの照会に回答するにあたって、各種マニュアルや規定、商品パンフレット、そしてＦＡＱ集など、多数の文書を参照する必要がありました。

このため、対応の質がオペレータの熟練度に大きく左右されてしまうという問題がありました。さらに、高齢化によって労働人口が減少するため、オペレータの人材確保が難しくなることも予想されています。

これに対して、ＡＩを用いるコールセンターでは、利用者との通話データをもとにデータベースを構築し、問い合わせに対する最適な回答候補をＡＩが検索します。そして、それをオペレータのＰＣ上に表示します。

これによって回答の正確化と、応対に要する時間の短縮化を図ることができます。

顧客に回答した後、オペレータは、ＡＩが表示した回答候補の評価をＡＩにフィードバックして学習させ、ＡＩの能力向上を図ります。

損害保険ジャパン日本興亜は、２０１６年2月、ＡＩによる音声認識技術を活用したコールセンターサービス、「アドバイザー自動知識支援システム」の運用を開始しました。２０１８年3月からは、全国のコールセンターに本格導入しています。

三井住友海上火災保険は、２０１７年12月からオペレータが受信した顧客からの問い合わせに対して迅速に回答するために、ＡＩを活用した業務を行なっています。

そのうち、様々な窓口応対が自動で行なわれるようになるでしょう。

Q　ＲＰＡとは何ですか？

ＲＰＡ（ロボティック・プロセス・オートメーション）とは、データの入手や計算などの定型的な仕事をロボットに肩代わりさせることです。主として、バックオフィス（事務や管理などを行なう部門）におけるホワイトカラー業務を代行します。

機械学習を行なうＡＩを用いる場合もＲＰＡとされることもありますが、狭義のＲＰＡは、あらかじめ決められたルールにしたがってデータを自動的に処理するものです。つまり、ＡＩ以前のＩＴの活用です。いまビジネスの現場で、急速に広まっているのは、この意味におけるＲＰＡです。

これにより、事務作業の８割を自動化することが可能とされています。これが実現すれば、２０２５年までに、世界で１億人の仕事がこれに置き換えられるという推計もあります。

Q 自動化技術が広く使われるようになれば、我々の生活はどのように便利になるのでしょうか？

これまでのように金融機関の窓口で長く待たされたり、事務処理に時間がかかるといったことがなくなるでしょう。煩瑣な手続きに煩わされることもなくなるでしょう。

総じて、金融機関の利用が快適なものになると期待されます。

Q 自動化技術が広く使われるようになれば、金融機関や経済全体にどのような効果があるのでしょうか？

無駄が取り除かれ、金融機関の採算が向上します。また、金融機関で働く人々は、より生産性が高く、人間らしい仕事に就くことが可能になるでしょう。

金融業は情報を扱う産業ですから、もっと早くからＩＴを取り入れるべきでした。規制産業なので後れたという側面があることは、否定できません。

ＩＴを金融機関業務に取り入れることが急務なのは、収益が減っているからです（第2章の1を参照）。

収益性の低下に対してこれまで行なわれてきた対策は、合併統合が中心でした。確かに、これによって重複業務を整理する効果はあるでしょう。しかし、抜本的な対策とはいえません。

実際、金融機関の資金運用収益と人員を見ると、収益が減っているにもかかわらず、人員は増加気味なのです。

ＡＩの活用によって生み出された時間は、新しいアイデアを考えたり、営業活動をしたりするなど、人間にしかできないことに振り向けられるでしょう。

Q 自動化技術が、新しい問題をもたらすことはないでしょうか？

失業の問題があります。

ＡＩは、人間より素早く正確に定型的な仕事をこなします。したがって、これまで金融機関で定型的な業務に携わっていた人々を失業させる可能性があります。

これまでやっていた仕事がコンピュータにとって代わられてしまった場合、新しい仕事に就くことができればよいのですが、そうでなければ、失業することになります。いうまでもなく、これは大問題です。

2. ＡＩによる不正検知と不正防止

Q ＡＩでどのような不正を検知するのですか？

ＡＩを利用した金融機関の業務合理化の1つとして、不正検知があります。検知の対象となる不正取引として想定されているのは、クレジットカードやキャッシュカードの不正利用、保険金の不正請求、不正取引、振り込め詐欺などです。

クレジットカードの場合、ＩＣチップが使用されるようになったので、カード自体のセキュリティは向上しました（従来のクレジットカードは、裏面の上部に黒い帯状の磁気テープが貼られた「磁気ストライプ」方式でした。しかし、この方式では、スキミングという技術でクレジットカードの情報を読み取られてしまうという問題がありました。ＩＣチップ方式では、スキミングが難しく、暗証番号が必要なため、偽造されにくくなっています）。

しかし、ネットショッピングでは、カードがなくても、番号さえ分かればクレジットカードで決済できます。このため、番号情報を盗み取る不正行為が増えました。こうした問題に対処するため、不正を検知する様々な仕組みが作られてきました。しかし、これまでのものは、精度があまり高くありませんでした。

そこで、ＡＩによる不正検知のシステムが解答を与えるものと期待されています。クレジットカード会社大手のアメリカン・エキスプレスやVisaは、機械学習を用いる不正検知を行なっています。Visaの推計によれば、機械学習の導入によって、年間20億ドルの不正取引を未然に防ぐことができたということです。日本でも、大手クレジットカード会社が機械学習の有用性の検証を行なっています。

この他、金融機関内部での不正のモニタリングや、マネーロンダリング（資金洗浄）対策、コンプライアンス（法令遵守）業務などにおいて、ＡＩの活用が考えられています。

Q AIで、具体的にどのような仕組みで不正検知をするのですか？

まず、過去に不正と判断された取引や、不正ではないかと疑われた取引のデータを集めます。カードの場合には、利用店舗、利用時間、利用額などのデータです。

このデータを用いた機械学習によって、不正な取引のパターンや特徴を学習し、不正判定のモデルを生成します。このモデルに不正か否かを判定したい取引データを投入すると、取引データごとに不正取引である可能性を示すスコア値を出力します。

画像やテキストなどの非構造化データと組み合わせることにより、これまで見逃していた新たな傾向を発見することも可能になるといわれます。

スコアリングのための手法としては、まず回帰分析（第1章の1参照）があります。これは比較的単純なモデルです。その他の手法を用いる研究も行なわれています。ニューラル・ネットワークも利用されます。

ベイジアン・フィルターやベイジアン・ネットワークと呼ばれる手法もあります。これらはニューラル・ネットワークに比べ、計算負荷が低いなどの利点があるとされます。

Q この技術が広く使われるようになれば、金融機関にどのような効果があるのでしょうか?

これによって不正行為が少なくなるのは、明らかに望ましいことです。どんな分野にも不正行為はありますが、金融の場合には、情報を操作するだけで巨額の不正が行なえるので、とくに問題です。金融機関は、不正行為の検知と防止のために、これまで大量の人材と多額の費用を投入してきました。

ＡＩは、大量のデータを機械学習で処理することによって、不正取引の特徴をモデル化します。このため、人間がモデル化する場合よりも精度の高い不正検知が可能になります。また、ＡＩは自動的にデータを分析するため、モデルも随時更新されます。

クレジットカードの不正利用検知にＡＩを使ったところ、精度が5％から90％に急上昇したという例もあります。このように高い能力を持つ不正検知ＡＩを導入すれば、金融機関の業務効率化に大いに役立つでしょう。

Q この技術が、新しい問題をもたらすことはないでしょうか？

金融取引の場合には、不正行為とみなされているものが排除されるべきことについて、ほとんど異論はないでしょう。

しかし、不正検知システムは他の対象にも応用できます。そうしたシステムを犯罪者の立場から見れば、間違いなく脅威です。第1章でも述べたように、犯罪者も人間ですから、これは、人間にやさしくないＡＩです。だから、「人間にやさしいＡＩがよい」という基準からすれば、不正検知ＡＩは、問題がある技術だということになります。

これは、決して屁理屈ではありません。中国のような国では、現実に重要な問題になります。

独裁的な全体主義国家では、指導者の方針に反対する意見は犯罪になります。それを考えれば、不正検知技術を無制限に認めてよいかどうかは、疑問です（もっとも、これはＡＩに特有の話ではありません。例えば嘘発見器についても同じようなことがいえます）。

不正検知のＡＩについては、この問題をクリアすることが必要でしょう。

3. ブロックチェーンを金融に活用する

Q ブロックチェーンの導入で金融業務の効率化を図る試みとしては、どんなものがありますか?

金融機関の収益を改善する基本的な方策は、新しい技術を導入して業務の効率化を図ることです。ブロックチェーンの導入による金融改革は、様々な面で金融機関業務を効率化します。

現在は、銀行からの海外送金は、1973年に発足したスイフト（国際銀行間通信協会）を通じて決済されています。このシステムでは、金額の多少にかかわらず750～5500円の手数料を支払う必要があります。さらに、銀行窓口を使って現金で海外銀行に送金すると、中継銀行（コルレス）にも別途手数料を支払います。また、決済期間が2～4営業日もかかります。こうした業務にブロックチェーンを用いれば、コストを引き下げ、時間も短縮することができます。

現在、次のようなプロジェクトが進んでいます。

(1)海外送金にブロックチェーン技術を活用(三菱UFJ銀行、みずほフィナンシャルグループとSBIホールディングスなど)

(2)証券クロスボーダー取引(国境を越えて行なう取引)の決済(みずほ銀行と富士通との共同実証実験など)

(3)貿易金融にブロックチェーンを適用(NTTデータと静岡銀行等との共同実証実験など)

Q ブロックチェーンは銀行の基幹業務にも応用できるそうですが、どのような試みがなされていますか?

現状では、国内の送金も、コストがかかり、利用可能時間が限定されているなどの問題があります。この改善に向けて、次のようなプロジェクトが発足しています。

(1)国内外為替一元化検討に関するコンソーシアム（SBIホールディングス、みずほフィナンシャルグループ、新生銀行、三井住友信託銀行、りそな銀行、横浜銀行、千葉銀行など）
(2)口座振込の24時間化（三菱UFJ銀行、三井住友銀行など）
(3)企業同士の決済業務の電子化（みずほ銀行と富士通など）
(4)勘定系（顧客ごとの入金、出金、振込など諸々の取引を一括して管理する巨大な情報システム。銀行の基幹システムの中核）へのブロックチェーン応用（住信SBIネット銀行など）

Q どの程度のコスト削減が可能になるのでしょうか？

ブロックチェーンの導入によってどの程度費用が削減できるのか、その全体像は、まだ明らかではありません。

ただし、従来の効率化とは桁違いの劇的なコスト削減が可能になることは間違いないでしょう。

国内外為替一元化により、銀行が負担する送金コストが、従来の10分の1～20分の1で済むという情報があります。また、企業同士の決済業務の電子化により、企業が経理にかかるコストを25％ほど減らすことができるといわれます。

ただし、コスト削減と銀行の収益増とがどのような関係になるかは、まだはっきりとは分かりません。

これに関して重要な点は、現在の業務体制のままで経費が削減できるわけではないということです。人員整理が必要になることは間違いありません。

なお、ここで述べたのは、銀行内部のシステムの改善です。しかし、ブロックチェーン技術の影響は、これにとどまりません。銀行が仮想通貨を発行することも可能とします。

そのような仮想通貨が広く使われるようになれば、通貨システム全体に大きな影響が及ぶでしょう。これについては、第7章で見ることとします。

第7章

キャッシュレス社会の衝撃

1．キャッシュレス社会への大きな流れ

Q 電子マネーと仮想通貨はどう違うのですか？

中国やスウェーデンで、電子マネーによるキャッシュレス化（現金を用いないで送金や決済を行なうこと）が進行しています。一方、ビットコインを始めとする仮想通貨が注目を集めています。

電子マネーは、信頼できる第三者である管理者が存在し、それが通貨のやりとりを仲介するという中央集権的な仕組みです。

例えば、アリペイの場合は、アント・フィナンシャルという企業が、各利用者の残高を追跡し、送金が行なわれるたびに個人の台帳を更新しています。

それに対して、仮想通貨であるビットコインの場合には、そのような管理者が存在せ

図表7−1　電子マネーと仮想通貨の比較

仮想通貨		電子マネー
なし	管理主体	あり
転々流通する	流通	転々流通せず
ブロックチェーン、暗号技術	基盤技術	IT、暗号技術
利用せず	銀行システム	利用する
ビットコイン	例	SUICA

ず、利用者が直接に情報をブロックチェーンに送ることによって、取引がなされています。つまり、管理者なしに通貨の取引が可能になっているのです（ただし、仮想通貨取引のかなりが「取引所」と呼ばれる中央集権型の組織を通じて行なわれていることは、事実です）。

また電子マネーは、仮想通貨のように転々流通するのではなく、一度しか使えないので、機能的には仮想通貨に比べて劣っています。また、銀行システムを使っている点でも、技術的に見れば、あまり革命的なものとはいえません。

なお、キャッシュレスとＡＩの関係はどうかといえば、電子マネーの運営にＡＩが使われるわけではありません。しかし、電子マネーで得られるデータはビッグデータなので、これをＡＩの学習に用いることができます。そして、これは、これまでの章でもみたように、大変重要な意味を持ちます。

Q 中国で電子マネーが爆発的に広がっていると聞くのですが、その実態はどうなっていますか？

中国では、スマートフォンを用いる電子マネーが急速に成長しています。

2大サービスは、アント・フィナンシャルが運営する「支付宝（アリペイ）」と騰訊（テンセント）の「微信支付（ウイーチャットペイ）」です。

これらは、プリペイド型の電子マネーです。ほとんどゼロのコストで送金できます。誰でも、どんな店舗でも、特別な装置や審査なしで利用できます。

中国では、アリペイやウイーチャットペイの利用者が10億人を超えたとされます。街角に立つ物乞いでさえ首からスマートフォンを下げているほどだといわれます。

中国における電子マネー取引額は約150兆円といわれ、約5兆円の日本と比べると、30倍以上もの差があります。中国は世界最先端のキャッシュレス社会です。

アリペイは、アジア、ヨーロッパ、そしてアメリカにも急速に進出しています。国外利用者は約2・5億人いるといわれます。

日本国内でも、中国人旅行客のために受け入れる店が増えています。

オリンピックを機会に、日本でアリペイを受け入れる店舗は、急速に増えるでしょう。受け入れる店舗数が増えれば、電子マネーの利用価値は上昇します。

東南アジアにおいても、スマートフォンを使う決済サービスの広がりで、大きな変革が生じようとしています。2021年の東南アジアでの決済額は3兆円強となり、13年比で10倍に膨らむとの予測もあります。銀行口座やクレジットカードでは後れていた新興国が、一気にキャッシュレス社会に前進するのです。

Q　アリペイは日本に進出してくるでしょうか？

日本の店舗でも、登録すれば、アリペイを利用することができます。実際、来日中国人客のために日本でも導入する店舗が増えています。

ただし、アリペイは仮想通貨ではないので、銀行口座を開き、アリペイの口座に現金を入金しておく必要があります。その銀行として、現在は中国の銀行しか使えないのです。このため、外国人が使うには不便です。

しかし、これに関する条件は、変わるかもしれません。

アリペイは、各国の企業と提携して、現在34か国以上に進出していますが、将来、日本に進出する計画も持っているようです。

日本の銀行口座からアリペイに振り込むことができるようになれば、日本でもアリペイが一気に普及する可能性があります。すると、日本の送金や決済は、個人や小企業に関しては、アリペイによって支配される事態になりかねません。

Q スウェーデンでもキャッシュレス化が進展しているそうですが、その実態はどうなっていますか？

スウェーデンでは、スウィッシュ（Swish）という電子マネーが普及し、現金使用率はわずか2％にまで低下してしまいました。パンを買うのも、現金では難しいとされます。

Swishは、スウェーデンの6つの銀行が共同開発した決済システムで、金額と送金先の電話番号を入力するだけで送金ができ、買い物や飲食などの支払いができます。２０１２年にサービスが開始され、いまでは、国民の半数以上が利用しています。この基礎になっているのは、出生時に割り振られる個人識別番号と名前と、電子証明書とを統合したBank IDと呼ばれる番号です。

スウェーデンで流通する紙幣と貨幣は、09年に比べると40％も減少しています。人口の97％がデビットカード（銀行の口座から即座に引き落とされるカード）を使用しており、過去5年間で現金の引き出しが約3分の1減少しました。現金の使用が減る一方で、カードによる支払いは過去5年間で約50％増加しました。

銃を持った男が銀行に押し入ったところ、銀行に現金がなかったので、何も取らずに逃走するという事件もあったそうです。

デンマークでも、現金の使用率が落ち込み、デンマーク中央銀行は現金の印刷・製造を外注する予定です。

エストニアでもキャッシュレス経済が進行しています。

アメリカでは、PayPalが使われています。ただし、あらゆる人が使っているというほどではありません。

Q 日本でのキャッシュレス化の進展度合いはどうですか?

日本の送金や決済の仕組みは、IT革命以前のATMと現金のシステムに固定されてしまっており、送金・決済という経済の基本的な活動に関して、なかなか自動化が進んでいないのが実情です。

もっとも、日本にも電子マネーはあります。セブン&アイ・ホールディングスの

nanaco、イオングループのＷＡＯＮ、楽天の楽天Edy、ＪＲ東日本のSuica、ＬＩＮＥのLINE Payカード、auのauＷＡＬＬＥＴなどです。これらは、大手流通会社やＩＴ会社、交通会社が発行するものです。

これらは、発行会社やグループの店舗でしか使えない支払い手段です。そして、特定の店で使えば、クレジットカードよりもポイント還元率を高くしている場合が多くなっています。つまり、客を囲い込むための手段です。誰にでも送金できる一般的な通貨ではありません。

この点で見れば、「おサイフケータイ」の時代よりも後退してしまったといわざるを得ません。

日本のキャッシュレス化率が約20％と極めて低いことは、しばしば指摘されます。政府は、２０１４年6月に閣議決定した「日本再興戦略」において、「２０２０年に向けたキャッシュレス決済の普及による決済の利便性・効率性向上」を掲げています。しかし、普及率の前に、一般的な支払いに使えないことが問題なのです。

日本におけるキャッシュレス化の後れについては、第10章でも述べることとします。

2. 様々な仮想通貨の現状

Q 仮想通貨を巡る制度の現状はどうなっていますか？

２０１７年には、仮想通貨を巡る制度の整備が進みました。第1に、改正資金決済法が２０１７年春から施行されました。これによって、仮想通貨の取引所が登録制とされ、口座開設時の本人確認などが義務付けられました。また、ビットコインの購入時に課税されていた消費税が非課税になりました。このような措置によって、ビットコインなどの仮想通貨は「マネー」としての地位を法的に認められたことになります。

ビットコインには、２０１７年12月に先物市場が導入されました。２０１７年12月10日に、シカゴ・オプション取引所（ＣＢＯＥ）がビットコインの先物取引を始めたのに続き、シカゴ・マーカンタイル取引所（ＣＭＥ）が12月18日に先物取引を開始したのです。

これによって、ビットコインの価格変動に対してヘッジする（価格変動リスクを避ける）ことが可能になりました。このことの意味は大変大きいと考えられます。

他方で、中国は、仮想通貨の取引所そのものも閉鎖するなどの強硬策を打ち出しています。現在の仮想通貨の取引に様々な問題があることは事実ですが、取引所の閉鎖が適切な対策とは考えられません。まずは、取引所の規制等、諸条件の整備から始めるべきでしょう。

Q　ビットコインの価格動向はどうですか？

ビットコインの価格は、2017年初めには1BTC＝1000ドル程度だったのですが、6月には3000ドル近くにまで上昇しました。その後も値上がりが続き、9月に5000ドルを超えました（BTCはビットコインの単位）。

9月4日に中国当局がICO（仮想通貨発行による資金調達）の全面禁止を発表したことなどを受けて、一転。9月半ばには3000ドルを割り込んだのですが、その後、再び上昇に転じ、11月には著しく上昇し、バブルの様相を見せました。12月中旬には2万ドル近くまで上昇しました。

ところがその後下落し、2月初めには1万ドルを割りました。2018年6月中旬には6000ドル台になっています。

Q 価格高騰はどのような問題をもたらしましたか？

ビットコインが登場したとき、「マイクロペイメント」が可能になると期待されました。これは、ごく少額でも、低いコストで送金できることです。ビットコインを保有する人が増えてくれれば、その夢が実現に近づくはずでした。

ところが、実際には、極めて皮肉な結果になりました。価格が上昇した結果、送金コストが高くなってしまったのです。2017年末のような状態では、国内の送金の場合、銀行の口座振替より割高になってしまい、送金の手段として実用的でなくなりました。

ビットコインの価値は、従来の送金手段に比べて安いコストで送金決済ができることです。その利点が減殺されたのは、大変残念なことです（海外への送金については、仮想通貨が依然として有利です）。

なお、その後ビットコイン価格が低下したため、送金手数料は、銀行の口座振替手数料とほぼ同じ水準に戻りました。

また、ビットコインは、取引所を通じなくても送金することができます（これがビットコインの本来の仕組みです）。

その場合の手数料は、２０１７年末には55ドル程度にまで高騰しました。しかし、その後低下し、２０１８年６月には１ドルを下回る水準になりました。

また、送金手数料の問題は、技術開発によって克服しうるものです。ライトニングネットワークという新しい技術を用いたY'allsという新しいサービスが、２０１７年11月に開始されています。

また、SatoshiPayやＩＯＴＡなど、送金コストがゼロである仮想通貨やブロックチェーンも開発されています。こうした新しいサービスが広く利用可能になることを期待したいものです。

Q 仮想通貨「楽天コイン」の発行構想はどうなっていますか？

楽天が独自の仮想通貨「楽天コイン」の発行構想を発表しています。

ブロックチェーンを活用して、楽天スーパーポイントを仮想通貨とするというものです。「楽天ポイント」とは、顧客が楽天市場で買い物をするたびに付与されるもので、楽天市場で購入する商品の割引や特定の商品やサービスの購入に使用することができます。ただし、ポイントは楽天グループが自社サーバーで管理しており、法定通貨との交換はできません。また、日本の楽天でもらったポイントを他の国の楽天で利用することもできません。

楽天コインは、各国で同じようにポイントを管理できるようにします。ブロックチェーンを用いる仮想通貨とすることで、国境を超えた仮想通貨を作るという構想です。

ＬＩＮＥは、コミュニケーションアプリ「ＬＩＮＥ」上で展開するモバイル送金・決済サービス「LINE Pay」を提供していますが、２０１８年1月には、LINE Financialを設立しました。これにより、仮想通貨交換や取引所、ローン、保険などの様々な金融事業を

ＬＩＮＥ上で提供する準備を進めると報道されています。

なお、メルカリも、仮想通貨事業への参入に興味を示しています。ただし、交換業だけなのか、他の仮想通貨を利用するだけなのかなど、事業の具体的な内容は分かりません。

Q メガバンクの仮想通貨とは何ですか？

三菱ＵＦＪフィナンシャル・グループが、独自の仮想通貨ＭＵＦＧコインの開発を進めています。

２０１７年から社内での実証実験を開始しており、２０１８年4月には本社ビルのコンビニエンスストアに対応レジを設けました。２０１９年には、地域を限定して10万人規模の実証実験を行なう計画とされます。

みずほフィナンシャルグループも、日本ＩＢＭと組んで、仮想通貨「みずほマネー」の実証実験に着手したと伝えられています。

大手銀行が仮想通貨に乗り出すことは、日本のキャッシュレス化を進める上で大きな意味を持つでしょう。

他行が発行する仮想通貨との交換が容易になれば、これまでの口座振替のかなりの部分を代替することになると考えられます。

メガバンクによる仮想通貨の取引が拡大すれば、電子マネーやモバイルペイメントの一部は、それによって代替されるかもしれません。また、日銀券による現金取引を代替する可能性も考えられます。

Q メガバンクの仮想通貨計画の進捗状況はどうですか？

メガバンクによる仮想通貨は、当初は2017年頃には一般の利用に供すると報道されていましたが、それより後れているようです。

後れの理由は分かりませんが、価格を安定化するのが意外に難しいと意識されているからではないかと推測されます。

MUFGコインの場合、取引所での売買を通じて1MUFGコインがほぼ1円になる水準を維持するとされています。

１円と完全に固定しない理由は、価格を完全に固定してしまうと、法的には仮想通貨ではなく「電子マネー」の扱いになり、１００万円超の送金が制限されてしまうためです。

この規制は、マネーロンダリングを防ぐために設けられているというのですが、見直したほうがよいように思えます。

Q 中央銀行による仮想通貨発行計画はどうですか？

各国の中央銀行が、仮想通貨の導入に向けて積極的な取り組みを行なっています。

これまでもイングランド銀行が様々な研究成果を発表していました。

２０１６年11月には、スウェーデンの中央銀行リクスバンク（Riksbank）が、独自の電子通貨「イー・クローネ」を2年以内に発行することを検討していると、フィナンシャルタイムズなどが報じました。

同年12月には、デンマーク中央銀行が仮想通貨の導入を検討していると、報道されました。

中国人民銀行も、支払い全般に利用できる独自の仮想通貨の実用化に向けて、本格的に動いています。２０１４年に研究チームを設立して以来、試作品でのテストを重ねています。中国は、仮想通貨を主要中央銀行の中でもいち早く発行したい意向だと報道されています。

日本銀行は欧州中央銀行（ＥＣＢ）とブロックチェーン技術の共同研究を進めています。イングランド銀行が仮想通貨の研究をしているのは、金融政策の有効性を強めたいからです。それに対して、スウェーデンやデンマークの場合には、キャッシュの利用が激減しているという事情があります。

Q 中央銀行が仮想通貨を発行すると、社会にはどんな影響がありますか？

ビットコイン型の仮想通貨やメガバンクが発行する仮想通貨の利用は、個人や企業の自由に任されています。つまり、使いたくなければ使わなければよいのです。しかし中央銀行が発行することになれば、否応なしにそれを使わざるを得なくなります。また、銀行にも甚大な影響が及びます。

とりわけ問題となることとして、あらゆる個別取引の詳細が中央銀行に明らかになってしまうこと、民間銀行による信用創造が縮小し（あるいは消滅し）、マネーストックが国と中央銀行によって完全にコントロールされてしまうこと、などが指摘されます。

中央銀行が仮想通貨を発行することが適切であるのかどうか、発行する場合どのような形態のものにするかなどは、大変重要な問題です。

ビットコイン型の仮想通貨やメガバンクの仮想通貨が広く使われるようになると、金融政策が効かなくなってしまい、中央銀行が不必要になってしまう可能性があります。しかし、組織防衛のために中央銀行が自分で発行するということであれば、本末転倒です。

メガバンクの仮想通貨は、銀行のシステムを使うという意味で、電子マネーと同じです。しかし、中央銀行が仮想通貨を発行する場合に比べると、銀行システムに与える影響や個人のプライバシーの点で、大きな違いが生じます。

以上の問題についての詳細は、『入門　ビットコインとブロックチェーン』（ＰＨＰビジネス新書、２０１７年）を参照してください。

3. 電子マネーか仮想通貨か？

Q 未来の通貨は、どれが主導権を握るのでしょうか？

以上で仮想通貨について3つの可能性を見ました。第1にビットコイン型の仮想通貨、第2にメガバンクが発行する仮想通貨、そして第3に中央銀行が発行する仮想通貨です。

この3つのどれが主として使われることになるかを予想するのは難しいのですが、どうなるにせよ、送金のコストは下がるでしょう。とくに、海外への送金コストは飛躍的に下がります。これによって、国際分業の姿が大きく変わる可能性があります。

また、3つのどれが主流になるかで、経済の姿は大きく違うものとなります。

ビットコイン型の仮想通貨が普及すると、従来の金融システムや国家システムの外で、通貨が流通することになります。したがって、金融政策が効かない、税の徴収に支障が生じる等の問題が発生します。広範に普及すれば、国家の姿に影響を与える可能性もあります。

銀行が発行する仮想通貨については、やり方次第でかなり違う形になります。現在の預金が仮想通貨に変わるだけの可能性もあるし、現在の日銀券のシステムからは独立した、独自の通貨圏が形成される可能性もあります。

Q　メガバンクの仮想通貨はどんな役割を果たしますか？

メガバンクの仮想通貨では、送金コストは、おそらくゼロに近くできるはずです。そして、誰でも利用できるものになります。しかも、電子マネーとは違ってブロックチェーンを用いて運営されるので、転々流通するマネーとなります。

日本で電子マネーが普及しなかったのは、ＡＴＭが普及して、現金が簡単に利用できたからです。

しかし、いまは電子マネーで中国に後れをとっています。もし銀行の仮想通貨が実現すれば、今度は日本が逆転することが可能かもしれません。

マイクロペイメントを可能にするという点では、電子マネー、ビットコイン型の仮想通貨、メガバンクの仮想通貨、中央銀行の仮想通貨に、大きな違いはありません。しかし、社会に与える影響では、電子マネーと仮想通貨は大きく違います。

Q 中国はいかなる通貨体制を選択するのでしょうか？

将来の通貨制度の選択に関して、動向が最も注目されるのは中国です。

中国政府は、これまでビットコイン型の仮想通貨に対して次のように敵対的な態度をとってきました。

２０１３年12月には、中国人民銀行は、中国の金融機関がビットコインを扱うことを禁止しました。これは、人民元安への不安で、中国からの大規模な資本逃避がビットコインを通じて起きたことへの対策ではないかと考えられています。

２０１７年の9月には、仮想通貨を用いる資金調達であるＩＣＯを禁止しました。

さらに10月には、中国人民銀行がビットコイン取引所の閉鎖を命じるという強硬策に出ました。この結果、それまでビットコインの取引で世界最大規模を占めていた中国からの購入は、ほとんどゼロになったと考えられます。

ところが、アリペイなどの電子マネーに対しては、これまでのところ、中国政府は抑制的な政策はとっていません。

これは、アリペイが伝統的な銀行システムを利用する電子マネーであり、ビットコインのように中国の通貨制度に攪乱《かくらん》的な影響を与えるようなものではないとの認識によると考えられます。

ただし、この方針が今後も続く保証はありません。実際、前述のように、中国人民銀行は、ブロックチェーンを用いる独自の仮想通貨の発行を検討していると伝えられています。

中央銀行の仮想通貨がアリペイなどの電子マネーと共存することは、考えにくいことです。かといって、すでに中国国民の大部分が使用している電子マネーを廃止することは極めて難しいでしょう。

中国では、政府が支配する計画経済的要素と、民間企業が活躍する市場経済的要素が、矛盾をはらみながら混じり合っています。そして、政府の力は極めて強力です。この2つの衝突が、キャッシュレス社会の方向付けに関して大きな問題をもたらす可能性は否定できません。

通貨体制がどうなるかは、その国の基本的な性格を決めます。中国の通貨制度が今後どうなっていくかは、中国という国家の基本に大きな影響を与えることになるでしょう。

4. キャッシュレス化のメリットとデメリット

Q　キャッシュレス化が普及すれば、我々の生活や金融機関にはどのような効果があるでしょうか？

現金を持ち歩く必要がなくなる、計算をしなくてもすぐに清算ができる、現金を盗難される危険がなくなる、などの利点があります。

送金や決済は、経済の基本的なインフラストラクチャー（基盤）です。したがって、その効率性は、経済全体の生産性に大きな影響を与えます。

キャッシュレス化によって、紙と人手のシステムを電子化し自動化できれば、流通業や金融業の生産性向上に大きな意味があります。

電子マネーを用いれば、キャッシュを扱うための余計な費用が節約されます。終業時の売り上げ管理作業にこれまで40分かかっていたのが、タブレット端末を通じて瞬時にできるようになった場合もあるそうです。

日本では、今後人手不足の深刻化が予想されます。送金、決済システムの効率化は、緊急の課題です。また、金融機関のコスト削減の観点からも、ＡＴＭに頼る現在の仕組みを改善する必要があります。

Q キャッシュレス化が普及すれば、経済全体にはどのような効果があるでしょうか？

もし強力な新決済手段を導入できれば、新しい事業（とくに、マイクロペイメントが必要な事業）が可能になり、経済活性化の切り札になります。

ｅコマースの進展にとっても重要な意味があります。送金手段が進歩すれば、ウエブを用いて様々な新しい経済活動が可能になります。例えば、個人がウエブで物を売ったり情報を売ったりすることが簡単にできます。

こうしてフリーランシングなどによって組織に依存せずに働く可能性が広がります。これは、働き方の改革にとっても大変重要な意味を持ちます。

さらに、関連したサービスを提供するスタートアップ企業が生まれるでしょう。中国では、顔認証技術を開発するスタートアップ企業などが続々と登場しています。

Q キャッシュレス化が、新しい問題をもたらすことはないでしょうか？

電子マネーの場合には、銀行口座を持っていない人が使えないという問題があります（実際に、スウェーデンでは、これが問題とされています）。

仮想通貨になれば銀行口座を持つ必要はなくなりますが、それでも、スマートフォンなどの電子機器を持っていない人や、それらの扱いに慣れない人が使えなくなるという問題があるかもしれません。

また、中央銀行による仮想通貨が発行されるような事態になれば、経済には極めて大きな影響が及ぶと予想されます。

銀行業務への影響、個人のプライバシーへの影響等を慎重に考慮する必要があります。

Q 「マイクロペイメント」とは何ですか？ それによって、どんなことができるのですか？

キャッシュレス化の利点として、様々なことがあります。例えば、札勘定をしたり、釣銭を用意する必要がなくなることや、盗難の心配がなくなることなどが挙げられます。これらは確かに大きな利点です。

ただし、最も重要なのは、現金やクレジットカードでは不可能だったマイクロペイメントが可能になることです。

マイクロペイメントとは、インターネットを通じて、誰でも少額の代金を送金し、誰でも受け取れる仕組みです。

これが可能になれば、個人が様々なことをインターネットでできるようになります。

例えば、誰でもウエブ上の店舗を自分で開けるようになります。いまは代金を受け取ることが簡単にはできないので、楽天やメルカリなどのプラットフォームに依存せざるを得ないのです。しかし、代金を簡単に回収できるようになれば、自分のホームページで店舗を開けます。

あるいは、寄付金を地球の裏側の人や団体にも簡単に送れるようになります。こうして、社会の構造が大きく変わると期待されます。

マイクロペイメントというと、あまり重要な問題ではないように感じられるかもしれません。実際、経済の議論において、しばしば送金はコストゼロでどんな少額でもできると仮定されます。しかし、現実には、そうではなく、それが経済活動にとって大きな制約になっているのです。

巨大組織が有利になる大きな原因の1つは、少額の送金が不利であったり、実行できないことにあります。マイクロペイメントが可能になることは、送金に関する限り「摩擦なし」の経済活動が可能になることを意味するのです。

Q マイクロペイメントを実現するための条件は何ですか？

第1に、利用者が多数存在していることです。これによって、多くの人からの送金を受けることが可能になります。これは、「ネットワーク効果」と呼ばれるものです。

第2に、送金者や受け取り者になるために、特別の審査を経る必要がないことです。また、特別の設備装置が必要ないことも重要です。

第3に、送金者や受け取り者が負担すべき手数料がないか、あっても極めて低いことです。

クレジットカードのシステムは、右の第2と第3の条件を満たしていません。

クレジットカードは、加盟店が支払う手数料によって成り立っています。手数料は、送金額の3～4%程度と、かなり高くなっています。これは、利用者が代金を支払わなかった場合の回収コストが含まれているからです。

第8章

フィンテックによる新しい資金調達

1. クラウドファンディングとソーシャルレンディング

Q 「クラウドファンディング」とは何ですか?

「クラウドファンディング」とは、不特定多数の人がインターネットを経由して、他の人や組織に、開発資金などを提供する仕組みです。一定額が集まった時点で、プロジェクトがスタートします。資金提供者は、製品の優先割引購入権などを得ます。

アーティストの支援、政治運動、映画製作、フリーソフトウェアの開発、発明品の開発などに用いられてきました。

株式の場合のように出資者が明確な経済的利益を得られることはあまりなく、どちらかといえば、ボランティアによる支援といった色彩が強くなっています。

投資を集める場として、Kickstarter など、多数のサービスが作られています。

その後、クラウドファンディングの一部は、ソーシャルレンディング（次項参照）と呼ばれるものに発展していきました。

Q 「ソーシャルレンディング」とは何ですか？ また、どんなものがありますか？

「ソーシャルレンディング」は、お金を借りたい人と投資したい人を、インターネットを通じて結びつけるサービスです。Ｐ２Ｐ融資（Peer to Peer Lending）と呼ばれることもあります。

クラウドファンディングは、特定のプロジェクトを応援したいと考える人々が、インターネットを通じて出資するものですが、ソーシャルレンディングでは、ファンドで資金を集め、融資や出資の形で運用します。

ここでは、事業継続資金が多く、技術開発やリスク挑戦という側面はかなり薄れています。とくに日本の場合には、不動産業者等に対する資金供給が多く、技術開発への資金提供はあまり行なわれていません。

ただし、ソーシャルレンディングもクラウドファンディングの一形態なので、「融資型クラウドファンディング」と呼ばれることもあります。

２００５年にイギリスのZOPA、06年にアメリカのProsper、07年にアメリカのLendingClubがサービスを開始しました。その後、ドイツ、中国、韓国、オーストラリアなどで、ソーシャルレンディングがいくつも誕生しました。

ソーシャルレンディングは今後も成長が続くという予測が多く、注目されています。

２０１４年12月にLendingClubがニューヨーク証券取引所に上場しました。時価総額は上場時で54億ドルとなりました。これは、日本の大手地銀並みの値です。

Q なぜソーシャルレンディングが急成長しているのですか？

ソーシャルレンディングが急成長している背景として、銀行が自己資本比率を引き上げるために、貸出に慎重になったことがあります。貸す場合でも、富裕層や大企業などリスクの低い貸付先だけを対象にするようになってしまったのです。

日本では、さらにマイナス金利が導入され、銀行は預金の受け入れにも消極的になっています。

こうした条件下で、銀行に代わる信用仲介の機構として、ソーシャルレンディングが発展する可能性があります。ただし、預金者とソーシャルレンディングの投資者は異なる人々だと考えられますので、直接的な影響はあまり大きくはないかもしれません。

これまで個人向けの融資は、住宅ローンや自動車ローンなど、使途を限定されたものが大半でした。それ以外では、高金利の消費者金融しかなく、自己破産者が増加する要因とされてきました。それに対してソーシャルレンディングは、無担保で保証人も不要、使途も自由というものが多くなっています。そして、消費者金融より低金利です。

開発途上国でも、消費者金融の必要性は高いと考えられています。1983年に創設されたバングラデシュのグラミン銀行が導入した「マイクロクレジット」は、貧困層を対象にした無担保融資です。主に農村部の貧困層を対象にしていることから「貧者の銀行」とも呼ばれます。2006年に、創始者のムハマド・ユヌスは、ノーベル平和賞を受賞しました。

Q 日本での「ソーシャルレンディング」にはどんなものがありますか?

日本では、ソーシャルレンディングの事業者は、貸金業としての登録が必要となります。また、知らない人同士の融資仲介形式となる場合、金融商品取引業の登録も必要になります。

日本国内におけるソーシャルレンディング事業者としてよく知られているのは、SBIソーシャルレンディング、maneo などです。これらのサイトを見ると、ローンファンドの一覧が掲載されています。

ファンドには、いくつかのタイプがあります。第1は、主に個人を対象とした消費者金融をファンドに組むものです。

第2は、企業の短期資金ニーズに応えるファンドです。中小企業の場合、銀行の融資を受けようとすれば、審査に数か月もかかってしまう場合もあります。そこで、若干金利が高くても、迅速に借りられる金融サービスを使いたいという需要があります。ソーシャルレンディングは、こうした需要に応えることができます。

Q 日本での「ソーシャルレンディング」にはどんな問題点がありますか？

日本のソーシャルレンディングに関して、次の2つの問題が指摘されます。

第1は、リスクへの対処です。銀行貸付の場合、貸し倒れのリスクは銀行が負い、保証された金利が預金者に支払われます。

それに対して、ソーシャルレンディングでは、投資家が貸し倒れのリスクを負います。

リスク対処の基本的な方法は、分散投資（第4章の4、第5章の1参照）です。まず、複数の借り手を1つのファンドにまとめてリスクを分散します。さらに、投資対象がファンドとして提供されるので、少額の金額を投資できるようになっています。

ただし、分散投資するといっても、同じ業界の似たような企業の案件ばかりであれば、分散にはなりません。

また、運用利回りの大部分はリスクプレミアム（投資対象のリスクが大きい場合、それに見合って利回りが高くなる必要がありますが、安全な資産の利回りとの差を「リスクプレミアム」といいます）だと考えられます。したがってそれがリスクに見合った適正なものかどうかを、判断できることが必要です。ところが、ファンド形式だと、案件の中身の詳細は投資家には分かりません。

第2の問題は、融資対象です。日本では、ベンチャービジネスに対するスタートアップ資金の供給が成長せず、不動産関係の貸付が増えています。

クラウドファンディングでは、映画の製作などの特定プロジェクトを応援するという社会運動的な性格が強くありました。それに対して、日本のソーシャルレンディングでは、そうした性格が弱く、単に「利回りが定期預金よりは高い投資対象」としてしか捉えられていないように見受けられます。

金融庁は、2017年、2018年に、「みんなのクレジット」と「ラッキーバンク」というソーシャルレンディング社に対して行政処分を行ないました。この2社は行政処分を受けた後、案件の募集を停止しました。

2018年7月には、ソーシャルレンディング最大手のmaneoに業務改善命令が出されました。これは、金融商品取引法に基づく行政処分で、投資の勧誘時の説明と異なる目的に資金が流用されるなど管理体制に不備があると判断されたためと報道されています。

2. ＩＣＯ（イニシャル・コイン・オファリング）

Q ＩＣＯとは何ですか？

ＩＣＯとは「イニシャル・コイン・オファリング」（Initial Coin Offering）の略で、仮想通貨による資金調達のことです。

ブロックチェーンを用いて行なう事業を将来提供する場合に、そのサービスを利用するために、そのシステムの中だけで使用することができる特殊なコインを用います。これを「トークン」と呼んでいます。そのトークンをサービスの開始以前に売り出すのです（売り出し自体をブロックチェーンを用いて自動的に行ないます）。

これによって開発資金を調達します。投資家にとっては、将来そのサービスが使われることになれば、トークンの価値は値上がりするでしょうから、現在それを購入することで利益を期待できるわけです。

ＩＣＯは、これまでベンチャーキャピタル（主にスタートアップ企業に出資を行なう投資会社）が行なってきた出資や、ＩＰＯ（Initial Public Offering：新規株式公開。次項参照）に代替する資金調達手段になる可能性があります。

トークンを購入することによって、プロジェクトをサポートすると同時に、プロダクトへの事前アクセスや、利益配分の権利などが得られます。これは、株式の場合と似た利益です。

Q フィンテックによる新しい資金調達方法は、株式会社制度からの決別なのでしょうか？

スタートアップ企業の資金がベンチャーキャピタルの出資で賄われた場合、ＩＰＯを行なってから以後は、伝統的な金融システムの中で資金調達が行なわれてきました。

ＩＰＯで売り出し価格を決定するためには、様々な複雑な条件を考慮しなければなら

図表８−１　資金調達法の推移

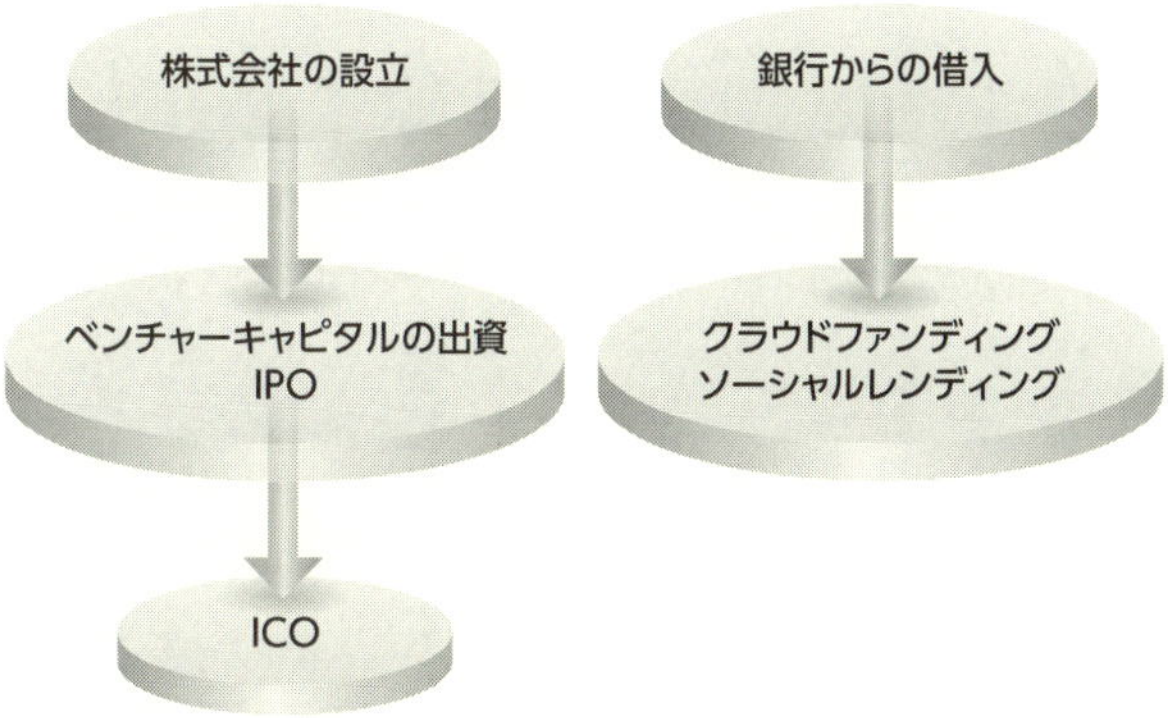

ず、専門的な知識が必要になります。ここで投資銀行や証券会社が重要な役割を果たしますが、かなりの手数料が必要になります。ＩＰＯの引受手数料率は、資金調達額の３〜７％程度になることが多いといわれます。

　このように、ＩＰＯは、投資銀行に莫大な収入をもたらします。また、その後の株式の取引は、証券会社に手数料収入をもたらします。

　しかし、クラウドファンディングやＩＣＯになると、伝統的な金融の世界の外で資金調達が行なわれることになります。そこでは、証券会社、投資銀行、株式市場などの伝統的な機関の仲介はありません。資金の需要者と提供者が直接に結び付くのです。

3．ＩＣＯのメリットとデメリット

Ｑ ＩＣＯが広く使われるようになると、金融機関や経済全体にどのような効果があるのでしょうか？

前述のように、ＩＰＯのためには投資銀行のサービスが必要で、これは著しくコストの高いものでした。しかし、ＩＣＯではそのようなコストはほとんど必要ありません。したがって、ＩＰＯより簡単にできるため、より初期の段階にあるスタートアップ企業が資金調達をすることができます。コストは、ＩＰＯの場合の10分の1程度に抑えることができるといわれます。

また、投資家も、インターネットで直接に購入することができます。こうした意味で、「ＩＣＯによって資金調達方法が民主化される」と評価されます。

これによって、新しい技術開発が進み、それによって社会が成長することが期待されます。

他方で、既存の金融機関にとっては、収入が減ってしまう可能性があります。すべてのＩＰＯがなくなってしまうわけではないでしょうが、戦略的に重要な部分、つまり新技術の開発によって急成長する新興企業については、ＩＣＯがＩＰＯを代替するようになる可能性があるといえます。

Ｑ　この技術が、新しい問題をもたらすことはないでしょうか？

ＩＣＯは数年前から行なわれていましたが、成功例が続いたため、将来の事業計画が定かでないプロジェクトも紛れ込み、２０１７年の夏頃には、バブル的な状態になってしまいました。ブームに乗じて、実体のないプロジェクトが紛れ込んでコインを販売するという詐欺的な行為が広がる可能性があったのです。

これを受けて、中国政府がＩＣＯを禁止する事態になりました。

こうなってしまった1つの原因は、売り出しの方法です。価格を低めにして売り出すと、将来の値上がり期待から、投機的な買いが殺到します。したがって、極めて短時間のうちに売却が終了します。しかし、そのために、プロジェクトの内容をまともに調べずに買い急いだり、それでも買えない場合があったりして、上場後に価格が高騰するなどの問題があり、決して望ましい姿とはいえないのです。

ただし、新しい資金調達法ですから、これを育てることが必要です。どのような方法でＩＣＯを行なうのがよいかが、考えられなければなりません。とくに重要なのは、取引所が新しい通貨を上場するかどうかの判断において、専門的な知見を提供することです。

Q　ＩＣＯは禁止されたと聞きましたが、その実情はどうなっていますか？

世界各国でＩＣＯ規制強化への動きが強まっています。

中国、アメリカ、シンガポールなどは、ＩＣＯや仮想通貨取引を規制する方針を打ち出しています。

しかし、スイス、カナダ、ロシアなどは促進の動きを見せています。ヨーロッパでは、見解が割れているようです。

イギリスの金融行為規制機構（FCA）も、投資家へのリスクに警戒を発しているものの、比較的緩やかな姿勢を示しています。フランスの金融市場庁（AMF）は、ICOを「法的根拠がない」と見なす一方で、仮想通貨を「迅速でコスト効率に優れた資金移転方法」であることを認めています。

欧州委員会は、ブロックチェーン技術への関心は強く示しているものの、ICOだけではなく、仮想通貨全般によい心証を抱いていないようです。

いずれの政府も、手探り状態だといえます。

Q 国や地方団体によるICOはありますか？

2018年2月に、ベネズエラが「Petro」と呼ばれる仮想通貨のICOを行ないました。この仮想通貨は、同国で産出する石油を担保としたものです。初日に7億3500万ドル相当を集め、話題になりました。

また、世界有数のＩＴ国家であるエストニアでは、エストコイン（Estcoins）と呼ばれる仮想通貨を発行してＩＣＯを行なう構想を持っています。

さらに、スペインからの独立問題がくすぶるカタルーニャが、独自の仮想通貨のＩＣＯを検討しているとの報道もあります。また、イランやトルコが検討中との報道もあります。

地方公共団体レベルのＩＣＯ計画もあります。アメリカ、カリフォルニア州バークレー市は、ＩＣＯによる資金調達を行なう予定です（Initial Community Offeringと呼ばれています）。調達された資金は、学校、橋梁、道路の建設などのインフラ整備や、住宅建設などに充てられる予定です。

韓国のソウル市は、独自の仮想通貨「Ｓコイン」発行によるＩＣＯを検討していると報道されています。

Q 日本では、地方公共団体によるＩＣＯの計画はありますか？

岡山県西粟倉村は、２０１８年6月に、ＩＣＯによる資金調達を行なうと決定しました。成功すれば、現在の日本の地方財政の構造を大きく変えるでしょう。

しかし、この実現は容易なことではありません。まず、これは寄付集めではないので、投資者に経済的利益を与える必要があり、そのためには収益力のある事業を行なう必要があります（寄付集めなら、クラウドファンディングによるべきです）。

また、国がＩＣＯを認めない可能性もあります。認めても、交付税や補助金を削減するなどの措置をとるかもしれません。同村の財政が国に依存する比率はきわめて高く、地方交付税が歳入全体の44・6％を占め、国庫支出金と合わせれば、国からの財源が、歳入の51・9％にもなります（２０１８年度予算）。仮にこれらを削減されれば、財政的にはかえって困窮してしまいます。

第9章

中国AIの恐るべき実力

1. 中国におけるフィンテックの現状

Q 中国のフィンテックの状況はどうですか?

2017年11月に発表された「フィンテック100」で、中国最大のeコマース企業である阿里巴巴集団(アリババ・グループ)の関連会社が、トップ3を独占しました(図表9-1参照)。蚂蚁金服(アント・フィナンシャル)、衆安(ジョンアン)保険、そして趣店(クディアン)です。趣店は、オンラインマイクロクレジットサービスを提供しています(「フィンテック100」は、国際会計事務所大手のKPMGとベンチャーキャピタルのH2 Venturesが作成するフィンテック関連企業のリストです)。

なお、トップ10社のうち、中国企業が5社を占めています。これはアメリカの3社より多い数字です。

図表9−1　フィンテック100、上位5社(2017年)

順位	社名	国	業務
1	Ant Financial	中国	電子マネー、アリペイの提供
2	ZhongAn	中国	保険
3	Qudian	中国	貸付
4	Oscar	アメリカ	保険
5	Avant	アメリカ	貸付

資料：2017 FINTECH100

これまでの推移を見ると、２０１４年では、１００社に入った中国企業は１社だけでした。15年には７社となり、インターネット専業の損害保険会社である衆安保険が世界のトップになりました。16年には、アメリカが35社、中国が８社となりました。16年のランキングにおける世界のトップは、電子マネー、アリペイを提供するアント・フィナンシャルでした。

中国が「一帯一路構想」によって、東南アジアからヨーロッパに至る広大な地域において経済的覇権を握ろうとしていることは、しばしば報道されます。これはインフラ投資などを政策手段とするものであり、政府が主導する側面が大きいといえます。こうした政策だけではなく、金融インフラの面においても、中国が世界的な規模で指導権を握ろうとしているのです。

中国は決済分野のテクノロジーで、日本はおろかアメリカをも抜き去り、現金やクレジットカードを過去のものにしてしまいました。こうした状況が続けば、中国発のシステムが世界標準になってしまうおそれがあります。

Q 「BAT」とは何ですか？

中国のIT産業を支配しているBaidu（百度、バイドゥ）、Alibaba（阿里巴巴、アリババ）、Tencent（騰訊、テンセント）の3社は、「BAT」と呼ばれます。

バイドゥは検索とAI技術、アリババはeコマース、テンセントはソーシャル・ネットワーキング・サービスを、それぞれ中心業務としています。

テンセントは香港証券取引所に、アリババはニューヨーク証券取引所に、バイドゥはNASDAQに、それぞれ上場しています。

テンセントの時価総額は4872億ドルで、世界第6位となっています（数字は、2018年6月末）。アリババの時価総額は4693億ドルで、世界第7位となっています。

図表 9−2　BAT 企業の概要

社名	阿里巴巴集団（アリババ・グループ）Alibaba	騰訊（テンセント）Tencent	百度（バイドゥ）Baidu
業務	eコマース	SNS	検索
設立	1999年	1998年	2000年
上場市場	NY 証券取引所	香港証券取引所	NASDAQ
時価総額	4693億ドル	4872億ドル	859億ドル

バイドゥは、８５９億ドルです。

　日本で最大のトヨタ自動車が１８７４億ドル（世界第37位）であるのと比べると、中国ＩＴ企業の時価総額がいかに大きいかが分かります。

　ビッグデータを活用できる点でも、ＢＡＴは有利な立場にあります。ビッグデータは、ＡＩの発展には不可欠です。ＡＩを用いた自動車の自動運転が近い将来に可能になることを考えると、このことの意味は、極めて大きいといえます。

Q アリババとはどんな企業ですか？

すでに述べたように、2017年の「フィンテック100」トップ3を独占した企業のすべてが、アリババ・グループの子会社です。

アリババはこれまで、企業間の電子商取引をサポートするマッチングサイト「阿里巴巴」(1999年に設立)、個人対個人の電子商取引サイト「淘宝網(タオバオ)」(03年に設立)、ECサイト「天猫(Tモール)」(08年に設立)などを運営してきました。

それが、いまフィンテックの分野に進出しつつあるのです。

Q アリペイの顔認証とは何ですか？

中国のIT大手アリババの子会社アント・フィナンシャルが運営する電子マネーアリペイは、2017年9月、顔認証だけで支払いができる新決済システム「スマイル・トゥ・

ペイ」を導入しました。これが広がれば、決済にスマートフォンさえ必要なくなります。顔パスで済むのは便利だという意見が、中国の人々の間で聞かれます。両手に荷物を持っていてもカメラを見るだけでよいし、財布や鍵を持ち歩く必要がなくなり、スマートフォンさえ要らないというわけです。

Ｑ テンセントやバイドゥはどんな企業ですか？

テンセントはソーシャル・ネットワーキング・サービスの会社です。インスタントメッセンジャー「ＱＱ」は、中国語圏の人々のためのチャットソフトです。これで膨大な会員プラットフォームを作り、ゲームなどの各種有料サービスに誘導します。Facebook を模倣したようなサービスです。

バイドゥは検索サービスを提供しています。Google の模倣だともいえます。

Q 中国では仮想通貨はどうなっているのですか？

中国政府は、ビットコインを禁止し、中央銀行による仮想通貨に強い関心を示しています。これは、ビットコインでは個人情報は集まらないのに対して、中央銀行仮想通貨であれば集まるからでしょう。

そして、中国人民銀行は、いずれ仮想通貨を発行するでしょう。

中央銀行の仮想通貨は、ビットコインとはかなり異なる仕組みによって運営されます。そして、仮想通貨を発行すると、中央銀行がすべての国民と企業の経済活動を細大漏らさず把握できるようになります。

この問題があるため、欧米諸国でも日本でも、中央銀行の仮想通貨発行には、技術的に可能であっても踏み切れないという事情があります。

しかし、中国では、この問題はあまり大きな障害とならないでしょう。

2. 中国のフィンテック急成長の理由

Q 中国のフィンテックはなぜ成長したのですか？

中国ＩＴ産業成長の背景に、中国政府がインターネットを外国から遮断して独自の国内マーケットを作ったこと、中国の人口が巨大であるために国内マーケットが巨大であること、という事情があることは間違いありません。

そして、ＢＡＴがこれまで提供してきたのは、アメリカで始まった新しいビジネスモデルのクローンでしかありませんでした。アリババはAmazonの、テンセントはFacebookの、そしてバイドゥはGoogleの、それぞれ模倣だったのです。

しかし、最近では、単なる模倣とはいえない状況になっています。新しいサービスが次々と誕生し、それが急速に市民生活に浸透して、中国社会を変えつつあるのです。

「中国製品」というと、「安かろう、悪かろう」を想像する人が多いでしょう。そうした側面がいまでもあることは事実です。中国の製造業が、先進国との比較ではまだ低い賃金の労働者に支えられているのは、まぎれもない事実です。

しかし、世界の最先端をいく製品やサービスを供給できる企業が登場しているのも、事実なのです。

Q 「リープフロッグ」現象とは何ですか？

「リープフロッグ」（蛙跳び）とは、後れた段階にあった国や社会が、技術革新による新しい技術を取り入れて、発展段階上のある段階を飛び越えて先に進歩してしまうことを指します。後れて発展した国が、先に発展していた国よりも、新しい技術の恩恵を受けるのです。

この現象は、中国でフィンテックが急激に発達した理由の1つと考えられます。

実際、中国で電子マネーが急速に普及したのは、日本のように銀行の支店網が発達しておらず、現金の使用が日本のように便利でなかったためだと考えられます。また、クレジットカードもあまり普及していませんでした。

ただし、先に述べたように、最近の中国のフィンテックは、リープフロッグ現象としては説明できないものが多くなっています。とくに、ＡＩを用いる新しい金融サービスは、世界最先端のものになっています。

Q 中国のフィンテックでの大手ＩＴ企業の参入状況はどうでしょうか？

中国のフィンテックが世界最先端になったのは、既存の金融機関が技術開発を行なって進化したからではなく、ＩＴ企業が参入したからです。

中国ではつい数年前まで、支払い手段としては「銀聯カード」が主流でした。これは、２００２年に中国人民銀行が指導して80以上の金融機関が共同で設立した中国銀聯が運営するデビットカードです。しかし、決済手数料が３％から５％と高水準でした。

ところが、アリペイとウイーチャットペイが決済手数料がほぼゼロのサービスを始めました。これらはＱＲコード方式なので、ＰＯＳレジもカードリーダーも必要なく、スマートフォンだけで対応できます。この結果、銀聯のシェアは急速に低下し、１％程度になったといわれます。

　中国のＩＴ大手は、これまでの中国金融を支配してきた大手国有銀行が相手にしようとしなかった、膨大な数の中所得層以下の個人や、小企業を相手にしたのです。

　銀行振込しか決済方法がなかった時代に、アリババは振込手数料の引き下げを何度も銀行に要請しました。しかし、銀行はまったく応じなかったのです。そこで、アリババの経営者ジャック・マーは、「私が銀行を変えてみせる」として、アリババが運営するウエブショップ「タオバオ」での決済手段としてアリペイを開発したのだといわれます。それを、一般の利用者に開放したのです。

　さらに、彼らが求めているサービスを供給しました。

　例えば、アリババは、「余額宝（ユエバオ）」という仕組みを作りました。これはアリペイにチャージされている余剰資金を運用するオンライン投資信託です。銀行の預金利子より高い収入が得られます。このため、利用手数料がかかるどころか、収入が得られる場合もあります。

　また、アリペイの膨大な利用履歴は、ビッグデータとして活用できます。利用法の１つとして、支払い状況などから信用度を算出する「芝麻信用」という信用スコアがあります（第３章参照）。

　最近では、顔認証で支払えるシステムも開発し、これを用いた無人店舗が登場しています。こうして、金融・流通の世界が大きく塗り替えられています。

Q 中国のフィンテック人材はどうですか？

　U.S. News & World Report が作成する Best Global Universities for Computer Science（コンピュータサイエンス学科の世界ランキング）で、中国の清華大学は世界一です。

　世界１００位までに、中国の17の大学がランクインしています。

　この他に、シンガポールの２大学、香港の５大学が１００位内に入っているので、これらを合わせると、中国系で24大学になります。つまり、コンピュータサイエンスで世界のトップ１００大学のうち、約４分の１は中国系なのです。

図表 9−3　コンピュータサイエンス学科の世界ランキング

（2018 年）

順位	大学名（英名）	国
1	清華大学 (Tsinghua University)	中国
2	テキサス大学、オースチン (University of Texas--Austin)	アメリカ
3	南洋理工大学 (Nanyang Technological University)	シンガポール
4	MIT (Massachusetts Institute of Technology)	アメリカ
5	シンガポール国立大学 (National University of Singapore)	シンガポール
6	スタンフォード大学 (Stanford University)	アメリカ
7	ハーバード大学 (Harvard University)	アメリカ
8	カリフォルニア大学、バークレー (University of California--Berkeley)	アメリカ
9	華中科技大学 (Huazhong University of Science and Technology)	中国
10	浙江大学 (Zhejiang University)	中国

資料：*U.S. News & World Report* "Best Global Universities for Computer Science"

こうした質の高い教育体制こそが、中国のフィンテックを支える最も重要な要因です。

Ｑ ビッグデータの利用可能性の点ではどうですか？

ＡＩの技術開発においては、ビッグデータをどれだけ集められるかが重要です。それを簡単に集められる中国は、人工知能のディープラーニングにおいて、有利な立場に立っています。

すでに述べたように、中国のＩＴにおける強さが、潤沢な資金力や優秀な人材に支えられている面は確かにあります。しかし、そうしたことだけではありません。中国の特殊な社会・国家構造が、中国のＩＴ産業に対して有利に働くのです。これについては、次節で見ます。

3. 中国の特殊な国家体制との関係

Q 中国の現状に問題・危険性はあるのでしょうか？

個人信用情報について懸念されるのは、それが融資の際の評価に用いられるだけでなく、様々な用途に用いられることです。そうなれば、信用度の点数が個人の一般的な評価として社会的に用いられることになってしまうでしょう。

しかし、そうした評価が一企業によって決められてしまうことに対して、中国の国民はあまり強い危機感を抱いていないようです。

また顔パスで電子マネーの支払いができるのは、確かに便利です。しかし、そのためには、アント・フィナンシャルに写真を提供する必要があります。その情報が政府に渡れば、街角に設置されたカメラで行動を監視されてしまうことになりかねません。

Q アメリカとの対比ではどうですか？

Googleは、検索やメールなどの情報を用いるプロファイリングを、以前から行なっていました。それを広告に用いて、巨額の収益を挙げてきました。Facebookも、書き込みなどから、同様のことを行なっています。

Googleは、さらに、個人の行動を予想してアドバイスを与える「Googleアシスタント」というサービスを2016年から提供しています。勤務先等を入力しなくても、Googleカレンダーなどに書き込まれた予定やGoogleマップの利用状況などから推測しているようです。

ただし、GoogleやFacebookなどのアメリカ企業は、ビッグデータを集め、利用する面で、本質的な制約にぶつかりかねません。

アメリカは個人主義を基礎とした民主主義社会であり、個人のプライバシー保護について、強い社会的要請があるからです。

Q 各国政府はこの流れを規制しようとしているのでしょうか？

ＡＩにおける中国の膨張傾向に対して、世界は、危機意識を持ち始めています。データを保護する法制の整備や運用を強化する動きが、世界的な流れとなっています。

ヨーロッパでは、プライバシーと個人データの保護を、ＥＵ基本権憲章で保障する基本的人権として位置付けてきました。

ＧＤＰＲ（一般データ保護規則）は、ＥＵ（欧州連合）における新しい個人情報保護の枠組みであり、個人データの処理と移転に関するルールを定めています。１９９５年から適用された「ＥＵデータ保護指令」に代わり、２０１６年４月に制定され、２０１８年５月に施行されました。

個人の権利として、不要なデータの消去を要求する権利などとともに、プロファイリングに異議を唱える権利を定めています。また、欧州の消費者や従業員などの個人データを保有したり域外に持ち出そうとする企業に、保護体制の整備を求めています。そして、メールアドレスやクレジットカード番号情報といった個人データを域外による第三者が見られるようにすることを原則禁止しています。

当面の対象はGoogle、Facebookなどのアメリカ ＩＴ企業なのでしょうが、中国ＩＴ企業も意識されていると思われます。

第10章

日本の金融はAI時代にどう対応すべきか

1．日本におけるキャッシュレス化の進展と問題点

Q 日本でのキャッシュレス化はどうなっていますか？

日本では、キャッシュレス化が進んでいません。「キャッシュレスの推進とポイントサービスの動向」（2016年12月、経済産業省）によれば、2015年時点で日本のキャッシュレス決済比率は19％です。これは、中国55％、韓国54％、アメリカ41％に比べて、大幅に低い水準です。

2015年末の日本における現金流通残高の対名目GDP比率は、19・4％でした（図表10－1参照）。これは、他国より突出して高く、スウェーデン（1・7％）の約11倍にも達しています。

日本は、世界の潮流から大きく取り残されてしまっているのです。

図表10－1　主要国における現金流通残高

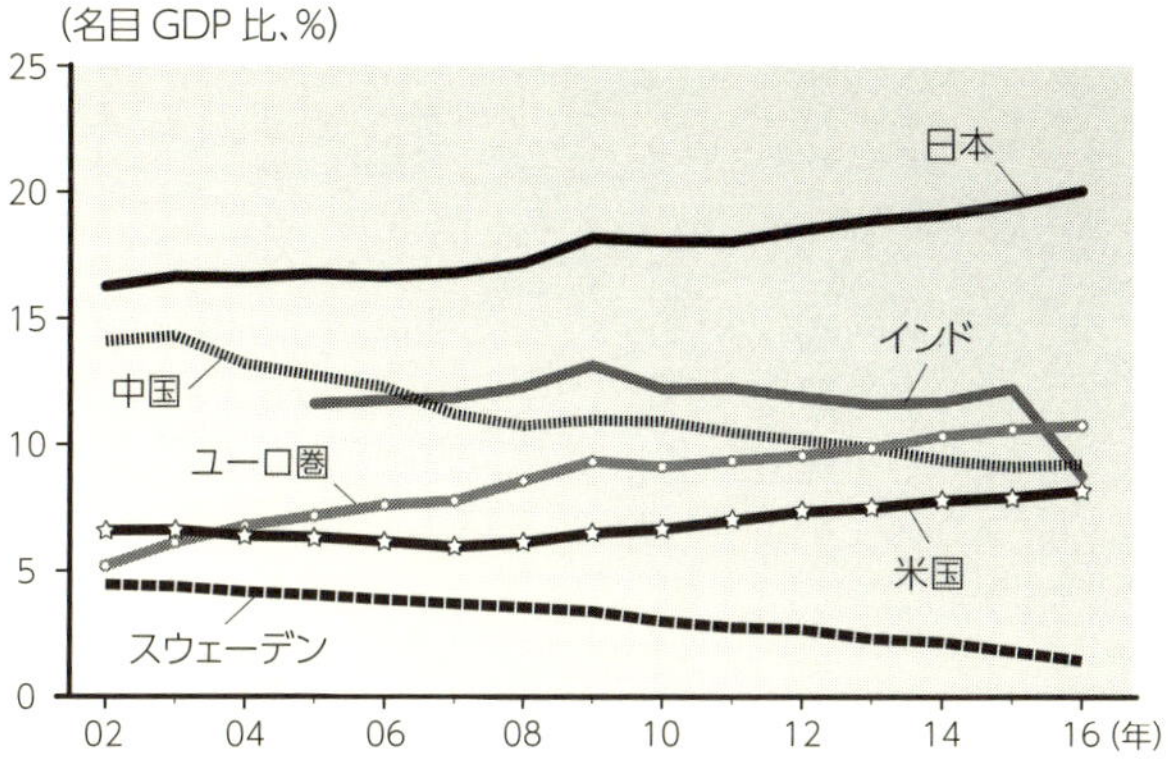

資料：日本銀行決済機構局「決済システムレポート・フィンテック特集号」2018年2月

このままでは、２０２０年のオリンピックで外国から日本に来た観光客が、日本の決済環境に不満を抱くでしょう。

危機感を持った政府は、「日本再興戦略改訂２０１４」に、キャッシュレス社会の推進を盛り込んでいます。しかし、状況は目立っては変化していません。

また、政府が２０１７年６月に閣議決定した「未来投資戦略２０１７」では、キャッシュレス決済の比率を２０２７年までに40％まで引き上げる目標を掲げています。しかし、このとおりになったとしても、現在の中国や韓国の水準に及びません。

Q このままだと、アリペイやウイーチャットペイに征服されませんか？

日本におけるアリペイ加盟店舗数は、２０１８年１月に４万店を突破しました。Suicaの利用可能店舗数は、２０１７年12月末で約45万店ですから、これに比べればまだ少ないともいえます。しかし、２０１７年の日本でのアリペイの決済件数は、16年の20倍という著しい増加率です。

中国旅行者のためにアリペイなどを受け入れる店舗が、さらに大幅に増えるでしょう。そうなると、アリペイが日本に本格的に進出する条件が作られてしまうことになります。

なぜなら、受け入れ店舗が増えると、店の側から日本人にもアリペイを使えるようにすることへの要請が強まると考えられるからです。

なお、アリペイは、銀行口座に預金することで使えるようになります。現在は中国の銀行しか認められていないので、一般の日本人は使えません。しかし、日本の銀行も認められるようになれば、日本人も使えます。

Q 日本は、中国の状況に対してどう対応すべきですか？

日本は、以上で述べた中国の状況に対して、危機意識を持っているでしょうか？

日本の電子マネーは、アリペイなどに比べてはるかに後れています。ですから、アリペイは、日本にも進出する可能性があります。

アリペイのシステムを取り入れる（日本の銀行に預金して使えるようにする）ことになれば、日本の利用者の利便性は増すでしょう。

しかし、それは日本の決済システムがアリババに握られることを意味します。それだけではなく、顔認証で決済が行なわれるようになれば、日本人１人１人の顔が把握されることになります。

しかし、それを危惧してアリペイの日本上陸を拒否すれば、日本はフィンテック鎖国をすることになります。

日本でも２０１７年５月に個人情報を扱うルールが根本的に見直された改正個人情報保

護法が全面施行されました。ここでは、個人情報の定義を明確にしたほか、個人を特定できないようデータを加工すれば本人の同意なく第三者に提供できる仕組みを導入しました。

しかし、こうしたことだけで、以上で述べた問題に対処できるかどうか、大いに疑問です。

日本が仮に将来の金融の世界で主導権を取り戻すことがあるとしたら、それは、第6章の3で述べたように、電子マネーのシステムを超える仮想通貨のシステムを導入することによってなされるでしょう。それは、原理的に考えれば不可能なことではありません。

2. 日本ではなぜ金融における新技術の導入が後れているのか？

Q 日本では、銀行などの伝統的な金融業の力が強すぎるのではないでしょうか？

日本の銀行システムは、「ブランチバンク」です。つまり、銀行が全国津々浦々に支店を設置し、国民から預金を吸収するという仕組みです。

日本はこうした古いシステムにとらわれて、身動きができなくなっています。

これに対して、銀行口座の保有比率は、インドネシアで5割弱、フィリピンで3割程度です。クレジットカードは、シンガポールとマレーシアを除くと、東南アジアで数％どまりです。従来型の金融サービスの普及が後れていたために、かえって新しいサービスが急速に広がることになったのです。

Q 日本では、規制が新技術導入の妨げになっている面はないですか？

一般に、規制が新しい事業を妨げる場合が多く見られます。技術的に可能であっても、規制によって実現できないというケースが少なくないのです。

金融業界においてベンチャー企業や大手ＩＴ企業が金融に進出し、伝統的な金融機関を代替するようなことになるとの見方もあります。他方、それには限度があるとの意見もあります。その理由は、銀行業では規制が強いからです。

銀行は社会的に非常に強い勢力です。さらに、様々な規制があって、自由に参入することができません。実際、かつてPayPalが日本に進出できなかったことがあります。保険の新しいサービスも、日本で導入できていない面があります。

Q フィンテック関係の法整備はどうですか？

日本でも、２０１６年5月に銀行法等改正法が成立し、銀行等による金融関連ＩＴ企業等への出資要件が緩和されました。これまでの銀行法では、銀行は5％、銀行持ち株会社は15％までの出資規制がありましたが、この規制が緩和されたのです。

ただし、この改正が経済原理の利用を促進するようなものなのかどうかは、疑問です。銀行が手っ取り早くフィンテックを取り入れるために、技術力のあるフィンテック企業を利用するのでなく、それを買収して、自社内に取り込んでしまう可能性もあります。

これは、「アウトソーシングによって問題を市場に任せる」のとは、逆方向の動きです。

銀行法は、２０１７年5月にも改正されました。これによって、家計簿アプリやクラウド会計ソフトの会社など、金融機関と顧客の間で口座管理や電子送金を仲介する業者を、登録制とすることとされました。

他方で、銀行や信用金庫には、顧客向けに提供している残高照会、取引明細照会、振替、振込などのサービスを、「オープンＡＰＩ」（アプリケーション・プログラミング・インタフェース）として公開する努力義務が課されることとなりました。

この改正のうち、ＡＰＩ公開の努力義務は評価できます。しかし、ＩＴ関連業者の登録制は過剰規制ではないでしょうか？　届出制ならまだしも、登録ということになれば、自由な参入が規制されることになります。

Q 仮想通貨に対する規制の状況はどうですか？ 取引所に対する規制は強まっているのですか？

２０１７年４月に改正資金決済法が施行され、９月29日に仮想通貨交換業者11社が登録されました。しかし、２０１８年１月に仮想通貨取引所のコインチェックから巨額の資金流出が生じました。コインチェックは「みなし事業者」（登録制導入前から事業を行なっていたが、登録が済んでいない事業者）であり、セキュリティ対策が不十分であったことが指摘されました。

利用者はその取引所がみなし事業者であるのか、登録済み事業者であるのか、分かっていなかったのではないかと思われます。

こうしたことを背景に、仮想通貨取引所への規制強化を求める声が強まっています。金融庁や業界団体は、再発防止に向けての対策を進めています。

3．人材の問題

Q 日本の人材は大丈夫ですか？

多くの日本人は、フィンテック、仮想通貨、ブロックチェーンの分野で何に関心を持っているかといえば、技術開発ではありません。

仮想通貨の値上がりで儲けることしか頭にない人が多いのです。その半面で、仮想通貨やＩＣＯを用いて新しいプロジェクトを起こそうとする動きは出てきていません。これを担うスタートアップ企業がなかなか出てこないのです。

日本では、フィンテックやブロックチェーン関連のスタートアップ企業の数が、海外に比べて圧倒的に少ないのですが、その最大の原因は、人材の不足です。

したがって、現在の状況を転換させる基本的な方策は、人材を育成することです。

企業の人材もシフトさせる必要があります。これまでの日本の製造業で中心だったのは、モノづくりのエンジニアです。それらの人々は、現在でも会社の意思決定に重要な影響力を持っています。変化に対応するには、情報分野の専門家が中心人材になる必要があります。

金融分野では、データ収集や分析に関する深い知見を持つ人材と、金融というビジネスに対する深い知見を持つ人材の組み合わせが不可欠です。

日本の企業が、要求される人材シフトに対応できるかどうかが、これからの日本の産業の命運を決めます。

Q 日本の高等教育の体制は大丈夫ですか?

日本のエンジニアは、ハードウェアの分野に偏っており、コンピュータサイエンスなどの先端分野の専門家が著しく不足しています。

データサイエンスは、新しく発展した分野であり、その内容は伝統的な統計学とはかなり違います。日本ではもともとソフトウェア関係の科学技術が弱いのですが、こうした新しい分野はとくに弱いのが実情です。

その原因は、日本の大学がいまだに伝統的な産業分野関連の学科を中心としていることにあります。工学部は、機械工学、電気工学、材料工学などが中心です。コンピュータサイエンス学科はごく最近までありませんでした。鉱山、冶金、船舶、土木などの学科も、いまだにかなりの比重を占めています（ただし、名称を変更したので分かりにくくなっています）。こうした状態を変えることが必要です。

【た行】

【な行】

索引

PHP
Business Shinsho

野口 悠紀雄（のぐち・ゆきお）

1940年東京生まれ。63年東京大学工学部卒業、64年大蔵省入省、72年エール大学Ph.D.（経済学博士号）を取得。一橋大学教授、東京大学教授、スタンフォード大学客員教授、早稲田大学大学院ファイナンス研究科教授などを経て、2017年9月より早稲田大学ビジネス・ファイナンス研究センター顧問。一橋大学名誉教授。専攻はファイナンス理論、日本経済論。
著書に『情報の経済理論』（東洋経済新報社、日経・経済図書文化賞）、『財政危機の構造』（東洋経済新報社、サントリー学芸賞）、『バブルの経済学』（日本経済新聞社、吉野作造賞）、『「超」整理法』（中公新書）。近著に『ブロックチェーン革命』（日本経済新聞出版社、大川出版賞）、『世界経済入門』（講談社現代新書）、『「超」独学法』（角川新書）、『「産業革命以前」の未来へ』（NHK出版新書）、『入門 ビットコインとブロックチェーン』（PHPビジネス新書）など。

ホームページ『野口悠紀雄 Online』
http://www.noguchi.co.jp/

ツイッター
https://twitter.com/yukionoguchi10

note
https://note.mu/yukionoguchi

PHPビジネス新書 398

入門 AIと金融の未来

2018年10月2日　第1版第1刷発行

著　　者　野口悠紀雄
発 行 者　後藤淳一
発 行 所　株式会社PHP研究所
東京本部　〒135-8137　江東区豊洲5-6-52
第二制作部ビジネス課　☎03-3520-9619(編集)
普及部　☎03-3520-9630(販売)
京都本部　〒601-8411　京都市南区西九条北ノ内町11
PHP INTERFACE　https://www.php.co.jp/
装幀・図版　齋藤　稔(株式会社ジーラム)
組　　版　有限会社エヴリ・シンク
印 刷 所　共同印刷株式会社
製 本 所　東京美術紙工協業組合

© Yukio Noguchi 2018 Printed in Japan
ISBN978-4-569-84139-7
※本書の無断複製(コピー・スキャン・デジタル化等)は著作権法で認められた場合を除き、禁じられています。また、本書を代行業者等に依頼してスキャンやデジタル化することは、いかなる場合でも認められておりません。
※落丁・乱丁本の場合は弊社制作管理部(☎03-3520-9626)へご連絡下さい。送料弊社負担にてお取り替えいたします。

「ＰＨＰビジネス新書」発刊にあたって

わからないことがあったら「インターネット」で何でも一発で調べられる時代。本という形でビジネスの知識を提供することに何の意味があるのか……その一つの答えとして「**血の通った実務書**」というコンセプトを提案させていただくのが本シリーズです。

経営知識やスキルといった、誰が語っても同じに思えるものでも、ビジネス界の第一線で活躍する人の語る言葉には、独特の迫力があります。そんな、「**現場を知る人が本音で語る**」知識を、ビジネスのあらゆる分野においてご提供していきたいと思っております。

本シリーズのシンボルマークは、理屈よりも実用性を重んじた古代ローマ人のイメージです。彼らが残した知識のように、本書の内容が永きにわたって皆様のビジネスのお役に立ち続けることを願っております。

二〇〇六年四月

ＰＨＰ研究所